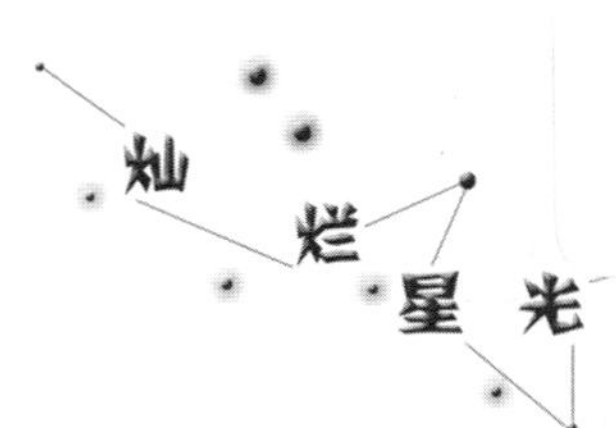

李长明 著

古今数学二十杰

GUJIN SHUXUE ERSHIJIE CHUANQI

長江出版傳媒
湖北教育出版社

(鄂)新登字02号

图书在版编目(CIP)数据

古今数学二十杰传奇/李长明著.—武汉:湖北教育出版社,2010.6(2020.11重印)
(灿烂星空)
ISBN 978-7-5351-5850-5

Ⅰ.灿…　Ⅱ.李…　Ⅲ.数学家-生平事迹-世界
Ⅳ.K816.11

中国版本图书馆CIP数据核字(2009)第198588号

出版　发行:湖北教育出版社　　武汉市雄楚大道268号
网　　址:http://www.hbedup.com　　邮编:430070　　电话:027-83619605

经　销:新　华　书　店
印　刷:保定市铭泰达印刷有限公司
开　本:850mm×1168mm　1/32　　10印张
版　次:2010年6月第1版　　2020年11月第5次印刷
字　数:165千字

ISBN 978-7-5351-5850-5　　定价:20.00元

序

本书的写作，首先要感谢蒋南华教授，是他多次建议和力荐，才诞生了这本小书。

虽说我没有专攻数学史，但长期在高校讲授数学，备课的需要常促使我涉猎了众多的数学史料。阅读中又产生了浓厚的兴趣，许多数学家不仅成就卓越、彪炳青史，他们道出的一些名言，又蕴涵深刻的人生哲理。因此，学习他们的精神和品德使我一生受益匪浅。当我遇到挫折时，督我奋进；横受屈辱时，激我自强；时而松散时，又鞭我不懈。如今，退休近十年，仍坚持学习和思考一些感兴趣的问题，偶有心得，也笔耕成文，使轻松的退休生活也得以充实。现在，把我一生受用不尽的这许多数学家的故事写出来，或许对当今广大的青少年在前进的道路上有所裨益。这也许是南华教授建议的初衷。

写史，最难的是缺乏第一手资料，特别是缺乏数学史训练的人，看到的多是辗转传抄的材料，以讹传讹就在所难免，不过有些既是逸闻，就不需去考证（也非我能力所及）。我把目标锁定在感动并教育着我们的趣闻轶事上，只有这样，才不致事倍功半，甚至徒劳无功。然而，就是这样低的目标，也非随心所欲。譬如，法国的大数学家达朗贝尔，原是弃婴，为裁缝所收养，终成一代大师，流芳千古。单凭这身世对世人就很有教益。但因缺乏资料，难以下笔。

幸而我在高等学校教了近半个世纪的数学，也有助于理解数学发展的规律和思想。教好数学不在严格的推理，因为好的教科书上之推理，其严格性多是反复推敲，又经时间检验了的，错漏之处毕竟只是个别的。课堂讲授，重在讲清问题的来龙去脉，方可收到良好效果，这是因为知其所以然，才能越学越有兴趣。几十年备课养成的刨根问底的思维习惯，也影响着本书的写作。譬如介绍某些重大发现的逸事时，力求追寻它产生的因缘。但无有关资料可供参阅，只好暗自忖度。这当然与原来真实的思维过程，不尽相符。对此，只好请读者姑妄听之。我想：事后分析，只要言之有理，也会给人以有益的启迪。故不揣冒昧，借题发挥。不当之处，在所难免，还望读者指正，方家教之。

本书蒙中国科学院数学研究所李文林研究员慨允采用他的《文明之光—图说数学史》中许多珍贵图片，使本书大为增色，特致以深切的谢意。

笔者不会使用电脑，数十万凌乱、潦草的手稿，全是李晟细心打好的。李晟也教数学，有些较好的段落，还是他直接改成的。序和部分文稿是李文华帮我打好的，原稿一些笔误经林敬藩、贺聿洪、谭建容等同志及时指出，还有本书内容的取舍、安排、版面的设计，书名的斟酌，责编彭永东博士都费了不少心力，在此一并致以深深的谢意。

李长明

2009年夏于贵州教育学院

灿烂星光 古今数学二十杰传奇

contents

目录

当代微分几何大师——陈省身 1

1. 求索简历,卓越贡献 …………………… 2
2. 美满姻缘,伉俪情深 …………………… 3
3. 肩负重任,屡获殊荣 …………………… 6
4. 海外赤子,心系祖国 …………………… 7
5. 志士暮年,壮心不已 …………………… 8
6. 彩票趣闻,爱生尊师 …………………… 9
7. 慨允题辞,应邀讲学 …………………… 13
8. 关心贵州,情长谊深 …………………… 14
9. 老当益壮,又破难题 …………………… 16

自学成才的数学泰斗——华罗庚 19

1. 锋芒初露,幸遇伯乐 …………………… 20
2. 浮想联翩,出口成章 …………………… 22
3. 独立思考,求新求真 …………………… 24

痴迷于数学王国的才子——陈景润 28

1. 初识名人,题诗勉励 …………………… 29
2. 贵州讲学,约法三章 …………………… 31
3. 重情重义,关心少年 …………………… 34
4. 平易近人,有求必应 …………………… 35

5. 一点遗憾，一点惋惜 …………………… 36
附录：一点补充(林敬藩) …………………… 39

累获重奖的数学大师——吴文俊 43

1. 首获重奖，崭露头角 …………………… 44
2. 成功启示，重要机遇 …………………… 47
3. 研究中算，古算新春 …………………… 54
4. 机证新路，传世伟业 …………………… 61
5. 学高品优，后辈楷模 …………………… 67

独创两个千年世界纪录的数学家——祖冲之 73

1. 童谣激趣，创大明新历 ………………… 74
2. 创世界纪录，保千年领先 ……………… 77
3. 精妙的祖率，也是千年纪录 …………… 79
4. 祖率来由，姑妄言之 …………………… 82
5. 盖世通才，三代同好 …………………… 91
6. 伟业永存，举世称颂 …………………… 93

微积分的创始人、力学之父——牛顿 95

1. 上帝说："让牛顿降生吧!"……………… 96
2. 笨木匠的转变…………………………… 97
3. 苹果下落与万有引力…………………… 98
4. 痴迷科学的几件趣事 ………………… 102
5. 唯一的一次恋爱 ……………………… 104
6. 最后留下的名言 ……………………… 106

数学之神——阿基米德 108

1. 给我一个支点，我可以移动地球………… 109
2. 金王冠的识别 …………………………… 110
3. 微积分学的鼻祖 ………………………… 112
4. 让开！别毁坏了我的图形 ……………… 114

拓扑与图论的开山鼻祖——欧拉 116

1. 七桥趣题，引人瞩目……………………… 117
2. 才子欧拉，善解难题……………………… 118
3. 出奇制胜，“七桥”生辉…………………… 121
4. 巧于心算，举世罕见……………………… 122
5. 通信引出的世界名题
——哥德巴赫猜想 ……………………… 123

数学王子——高斯 126

1. 小高斯算得快 …………………………… 127
2. 走错路的奇遇 …………………………… 128
3. 志向的选择 ……………………………… 129
4. 找回失踪的小星星 ……………………… 131
5. 拆掉脚手架 ……………………………… 132
6. 不该遭到的冷遇，贻害无穷……………… 133

非凡的数学天才——阿贝尔 137

1. 出身寒门，幸遇良师……………………… 138
2. 初试锋芒，挑战久悬的世界难题………… 139
3. 历尽坎坷，终成大业……………………… 140

4. 邂逅益友,创传世期刊 …………………… 141
5. 论文初被弃,对手鸣不平 ………………… 142
6. 命运多舛,丰碑永存 ……………………… 143

数坛上的旷世奇才——伽罗华 147

1. 创新论文,两次丢失 ……………………… 148
2. 虽受重视,终因过于超前而搁置 ………… 149
3. 读大师名著,数迷心窍 …………………… 154
4. 两次被捕,彗星陨落 ……………………… 157
5. 终遇知音,光照后世 ……………………… 158

黑暗中放射出的光芒——庞特里亚金 162

1. 少年失明,志在数学 ……………………… 163
2. 才华尽展,成就辉煌 ……………………… 164
3. 转向应用,再结硕果 ……………………… 165
4. 非凡一生,累获殊荣 ……………………… 167

铁窗里成长的射影几何奠基人——彭赛列 171

1. 投笔从戎,"死"里幸生 …………………… 172
2. 身陷囹圄,以图解忧 ……………………… 173
3. 潜心苦钻,终成大业 ……………………… 176

解析几何的创始人——笛卡尔 180

1. 喜爱沉思,读世界大书 …………………… 181
2. 应征难题,偶遇良友 ……………………… 182
3. 日思夜梦,创解析几何 …………………… 183
4. 女王盛邀,客死异乡 ……………………… 186

猜想大师——费尔马 189

1. 业余数学家之王 …………………………… 190
2. 轰动一时的费尔马猜想 ………………… 191
3. 妙趣横生的猜想 …………………………… 193
4. 引出一串故事的难题
——费尔马大定理 ………………… 196
(1)定理及来源 …………………………… 196
(2)绝妙的证明?! ………………………… 197
(3)艰难又漫长的征途,三次大奖……………… 198
(4)平凡而又神奇的曲线 ………………… 200
(5)奖金与奖章 …………………………… 202
(6)兰道明信片 …………………………… 203
(7)迟到的荣誉——征途上的一位女将………… 204
(8)几位大数学家的无奈 ………………… 206
(9)会下金蛋的鸡 ………………………… 208
(10)千古之谜,一点教训 ………………… 209
附录:李贺的锦囊 ………………………… 211
(11)矢志不移,终登高峰 ………………… 212

揭无穷奥秘的集合论之父——康托尔 216

1. 揭无穷之奥秘,建系统之理论……………… 217
2. 决非可列之疑惑,奠集合论之根基………… 223
3. 奇妙的康托尔集,开新学科之先河………… 232
4. 又一惊人新发现,如坠重重迷雾中………… 239
5. 邂逅戴德金,是友也是师………………… 245
6. 单枪匹马建伟业,千秋功业传后世………… 251

揭示20世纪数学发展的大师——希尔伯特 255

1. 自由的大学生活，现想现推的教授……… 256
2. 希尔伯特旅馆——揭示无穷的奥妙 …… 257
3. 精彩的演讲，揭世纪帷幕……………… 259
4. 没有黄金，但有荣誉…………………… 262

狂妄让上帝也发怒的数学家——闵科夫斯基 265

1. 才华初显，并列大奖…………………… 266
2. 良友成伴，相互促进…………………… 267
3. 上帝也为我的狂妄而发怒！ ………… 268

在桥上发明四元数的数学家——哈密顿 272

1. 童年早慧，文理兼优…………………… 273
2. 初生牛犊不怕虎 ……………………… 274
3. 年轻的教授 …………………………… 275
4. 桥上诞生的四元数 …………………… 276

天空立法者——开普勒 281

1. 不幸的童年，有幸的机遇……………… 282
2. 一个重大的转折 ……………………… 283
3. 学术上的知音 ………………………… 284
4. 8弧分的奥秘 ………………………… 286
5. 和谐的追寻与面积速度 ……………… 288
6. 行星与几何 …………………………… 293
7. 演算归纳，终获第三定律……………… 297
8. 倾听天上的音乐 ……………………… 301

当代微分几何大师——陈省身

陈省身(1911～2004)，浙江嘉兴，青年时代留学德国。1945 年归国，创办数学研究所，并任西南联大教授，1948 年赴美，1972 年中美关系改善后，又回国捐款创办南开数学研究所，每年回国指导工作，1995 年定居祖国。

1. 求索简历，卓越贡献

陈省身1911年农历九月初七(10月28日)生于浙江嘉兴，1922年随父迁至天津，1926年考入南开大学，1930年考上清华研究院，是中国最早一批研究生。1934年研究生毕业，即由清华留美公费资助送入德国深造，1936年获博士学位，是年10月抵法，在巴黎师从当代几何权威嘉当(E. Cartan，1869～1951)，1937年日寇侵华，他辗转跋涉回到祖国，为培养人才在西南联大执教六年。在这艰苦的抗战岁月里，他潜心钻研从嘉当那里带回来皆属当时前沿性的资料，并时有所得，因而在国外接连发表多篇极富创见的论文，引起行家的注目和重视。

美国普林斯顿研究院，虽规模不大，但却以延揽世界各地英才而闻名于世。爱因斯坦就是在此终其一生。杨振宁、华罗庚、段学复、闵嗣鹤、吴文俊、陈景润、杨乐也曾先后在该院做过研究工作。1943年，陈省身有幸被邀请到此院做研究工作。仅两年的时间，陈省身便作出了最受赞赏的传世之作：证明了难度极大的高维中的高斯—邦内(Gauss-Bonnet)公式。方法之巧、过程之简、揭示之深，令人叹为观止。难怪被著名的数学家韦伊(A. Weil，1906～，布尔巴基学派的骨干，沃尔夫奖的获得者)誉之为“**开辟了微**

分几何的新纪元”；接着又发现并确切地建立了当今普遍使用的陈示性类(Chern Classes)。这是整体微分几何赖以蓬勃发展的基础，诺贝尔奖获得者杨振宁称赞这一工作：“不但是**划时代的贡献，也是十分美妙的构思**。”韦伊的评价是“示性类的概念**被陈的工作整个地改观了**”。近几十年数学许多相关分支的迅速发展，也充分证实了这些成果已产生了广泛而深远的影响。

1945 年 8 月抗战胜利后，陈省身重返祖国，在南京与姜立夫共同组建了数学研究所，为培养高才生亲自给研究生开了现今看来也属高深的代数拓扑课。正是因为打下这深厚的功底，才出了日后也扬名天下的高足吴文俊、廖山涛、张素城等。1948 年底陈全家辗转赴美，1949 年在芝加哥定居，与韦伊为邻。此后十年，他们共同进行了许多研究，硕果累累。1949 年夏陈省身被聘为芝加哥大学教授，1960 年任加州伯克莱分校教授，直到 1979 年退休，实际上是退而未休，继续教到 1984 年，直至把全部精力集中到国内为止。其间，1981 年他还创办了美国国家基金会赞助的伯克莱数学研究所，并出任第一任所长。

2. 美满姻缘，伉俪情深

1937 年卢沟桥七七事变，中国开始了艰苦卓绝的抗日战争，正在法国学业有成的陈省身被清华大学聘为教授，于7月10日离开巴黎，经美、加辗转回国，因北方沦陷无法北上履职，于是直奔清华迁在长沙的临时大学。

在长沙，26岁的陈省身是最年轻的教授，德才兼优、风华正茂。恰好数学系郑桐荪教授有一女儿士宁，知书达理、文雅俊俏，正待字闺中，一向喜爱并关心得意门生陈省身的杨武之教授，见此郎才女貌，犹如天生的一对才子佳人，便从中撮合，于是陈在离湘赴滇之前，于长沙订婚，盟誓出这段美满姻缘。

因战事恶转，学校奉命南迁。陈省身与北大蒋梦麟教授、江泽涵一家等，于1938年元月同抵昆明，此时，三校联合，教员不缺。正好给陈省身“得天下英才而育之”的机遇，于是特开设了一些刚诞生不久的高深课程。如“李群”、“圆球几何学”、“外微分方程”等，还与华罗庚、王竹溪合开“李群”讨论班。为西南联大造出人才奠定了坚实的根基。

先立业后成家。抵昆明后的一年多。虽因抗战条件较差，如三校的图书都装箱未启，交通不便等。但人的因素更为重要。这时同样年轻有才的华罗庚、许宝騄也与陈省身一起，抓到材料便精思深研、笔耕不辍。因此堪称近代数学的三位奇才，每年都有论文陆续寄往国外发表，用陈省身的话说：“战时不正常，反给我更多时间。”在逆境中不怨天尤人，而是善于利用有利的条件，正是志士成功的重要因素。

在事业上猛进的这一年，陈省身的生活也丰富多彩。在四季如春的昆明，联大校址又近邻景色秀丽的翠湖，颇具诗人气质的陈省身正踌躇满志，自然与未婚妻有花前月下的吟咏唱和，也少不了人约黄昏后的倾诉和欢笑。遗憾的是笔者没有见到这一时期的诗作，以述当年的情景，一年多的亲密往来，相知良深，心心相印。二人便于 1939 年 7 月在春城昆明结为连理。至今，已成为数学界情真意挚、共创伟业又相濡以沫、白头到老的楷模。

新婚蜜月之后，士宁便喜怀六甲。因在异乡乏人照料，故士宁于次年赴沪分娩，不料日本偷袭珍珠港，局势突紧，竟使士宁不能预期返昆，而且这一别长达六年。抗战胜利后，陈省身自美再次回国，初见儿子，小家伙已是活泼调皮该上小学的年龄。

“两情若是久长时，又岂在朝朝暮暮。”秦少游这一名句也可反映当年省身、士宁的心境。士宁在沪，一人独挑抚育幼婴的重担。每次写信、捎话都只讲襁褓中的笑脸和牙牙学语的娇爱，只字不提自己的艰辛和劳累。鼓励着有远大志向的丈夫，把全部精力倾注在事业上。而陈省身无论是在昆明独居的三年多，或是在异邦奋斗的两度春秋，都把不能为爱妻分劳以尽夫责的内疚，转化成奋发图强的力量，期冀着用优异的成果去报答和慰问为自己做出奉献的贤妻。对于感情丰富而又专注的人，分离也会促使才华铸就不朽的篇章。不但历史上有许多这样的佳话，陈省身在这段独居的岁月里，做出了一生最为得意的成就，也是明证。星转斗移，时光飞逝 50 多年。陈省身在回顾自己一生科学生涯时，还由衷地写道：

> 我必须提及我的夫人在我的生活和工作中所起的作用。无论在顺境抑或逆境中，我们相濡以沫，过着朴素而充实的生活，我在数学研究中取得之成就，实乃我俩共同努力之结晶。

陈省身与郑士宁相濡以沫，白头到老

（摄于 1985 年）

3. 肩负重任，屡获殊荣

1948 年中央研究院举行第一届院士选举，选出 81 人。陈省身是最年轻的，其中数学 5 人，另 4 人是许宝騄、苏步青、华罗庚、姜立夫；1961 年被选为美国科学院院士；1962 年被选为美国数学会副会长；1971

年被选为巴西科学院通讯院士；1983 年成立第三世界科学院，陈省身是创始人之一；以后又分别被选为英国皇家学会、意大利科学院、法国科学院、中国科学院的国外院士。

陈省身自因数学上的突出成就而获得的大奖，主要有如下五项：

1970	美国数学协会 Chauvenet 奖
1975	美国国家科学奖
1982	德国 Humboldt 奖
1983	美国数学会 Steele 奖
1984	以色列 Wolf 奖
2004	首届邵逸夫数学奖，奖金 100 万美元，被誉为东方诺贝尔奖

4. 海外赤子，心系祖国

陈省身虽然在国外做了许多华人引为自豪的卓越贡献，然而改革开放以前，报国无门，空怀一腔赤子热忱。

> “西望故国，归去无日，感慨万千，唯借工作以忘情。”

眷恋故土的爱国之情，洋溢于这自述的字里行间。还有一事：陈省身的美国公民资格早已通过，而迟迟不去宣誓，只因美国科学院院士必须是美国公民，1961 年当选院士的迹兆已显，才匆匆去宣誓，距选为院士不足一月，不也说明眷恋故土的情深！

正是这久盼之心、久蕴之情，一旦国门大开，就像火山爆发，喷射出来，一泻无遗。因此，自 1972 年首次归国后，为报效祖国，培养人才，他几乎年年回国讲学访问，特别是近年来，不顾年迈体弱，不怕山高路远，仍奔波于神州大地。

5. 志士暮年，壮心不已

“中国应该成为 21 世纪的数学大国”。陈省身多次提出这个号召，也是他不辞辛劳、连年奔波为之实现的宏愿。为践此壮志，除回国讲学指导以外，还慷慨解囊，以助早出人才。1982 年他用积蓄在母校南开大学数学系设立奖学金，鼓励学生奋发进取；1984 年又把刚获得的沃尔夫奖奖金全部捐赠祖国，建立了一所现代化的南开数学研究所，并受聘出任所长，同时辞去美国伯克利研究所所长，以便把整个身心倾注在祖国大地上新建的这个数学研究所；浙江是陈省身出身的地方，1991 年远游载誉而归的大师，不忘“江东父老”的哺育之恩，又在杭州大学捐出历年积蓄设立数学奖学金，旨在鼓励青年学子刻苦钻研、奋发图强，并促进优秀人才脱颖而出。

倾其所有，多次捐献，充分体现着大师眷恋故土，报效祖国的一片赤子之心。

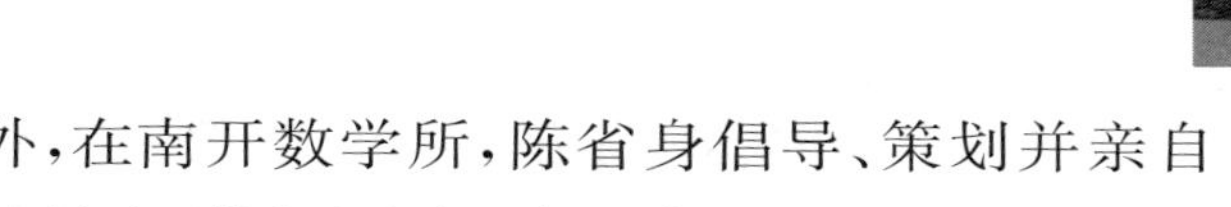

此外，在南开数学所，陈省身倡导、策划并亲自参加实施的大型活动有如下三项：

(1)在中国定期召开国际双微会议。

(2)开办暑期数学研究生教学中心。

(3)每年选派20名中国数学研究生赴美国参加"陈省身项目"的研究。

对年富力强的人，做好其中一项也是很费力的事，1984年陈省身已年过古稀，仍精力充沛，事必躬亲，使三项活动都卓有成效。

写到这里，笔者又忆起了：1985年曾代表贵州数学会在沪参加中国数学会50周年的庆典，在开幕式上有幸聆听陈省身的报告，印象最深的一句话是："我相信在下个五十年内，一定会有中国的数学工作者，**在中国本土做的数学工作**，可以得到我刚才讲的那些国际荣誉(指菲尔兹奖、沃尔夫奖)。"

陈省身、丘成桐、李政道、杨振宁、丁肇中、朱棣文等都是获得国际崇高荣誉的华人。华人的荣耀也是中华民族的光荣，但限于授奖的规定，又都只能以所在国的公民身份去领受，这又不免让人暗生一丝遗憾，陈省身不顾年迈体弱、不辞劳累、不惜财力精力，正是为了消除隐藏在人们心里的这种遗憾。

6. 彩票趣闻，爱生尊师

发行彩票，奖金的分配，中奖率的计算，本是数学中概率论的内容。了解彩票也需要一点概率论的基础知识，不过，这也仅是纸上谈兵而已！真正获得大奖主要是机遇，或者说是运气。数学家虽清楚中奖率的大小，但中奖的幸运却不偏爱精通数学的人们。因此，现在要介绍的一位数学博士竟突获特大之奖，更是凤毛麟角，奇中之奇。对此，也引起人们浓厚的谈兴。

在美国著名的加州大学伯克利分校，由国际数学大师陈省身指导和培养的一名博士尤米尼（Bob Uomini），在连年购买相同号码的“乐透奖券”之后，终于在 1995 年 1 月喜从天降，幸运中奖，奖金高达 2200 万美元，一下成为巨富的尤米尼，首先想到的是引导他走上数学之路的恩师，立即捐出 100 万美元在母校设立“陈省身讲座”。从 1996 年起，从世界各地邀请当代最杰出的数学家到母校来讲学，因为学生深知恩师重在事业，而对物质享受并无奢求。

1969 年尤米尼在大学 4 年级时选修了陈省身主讲的现代微分几何课。内容深入浅出、语言生动幽默的课堂讲授，使他深深热爱这门学科，于是便申请攻读这个方向的博士学位，但因总分稍差而落榜。可陈省身却赞赏他“很有自己的想法”，便鼓励他再申报一次，还专为他写了推荐信，使他顺利过关，并于 1976 年如愿以偿成为博士。

在学生遇到挫折或失意的时候，老师的关爱与帮助，如春风化雨，滋润心田，使人振奋并扬起继续

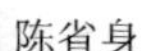

勇往直前的风帆，这改变一生命运的恩情，使人常怀报答之念。因此，真挚的爱生培养出发自内心深处的尊师，才会发出最为感人的行动，尤米尼设立“陈省身讲座”便是明证。

菲尔兹奖有数学界的诺贝尔奖之美称。至今，丘成桐是获此殊荣唯一的华人，成名后的丘成桐写了一篇回忆文章“陈省身，我的老师”，文中深情地回忆了他的一段经历——“在我申请进入这所著名大学时，陈省身教授显然起了重大影响，在一个香港的大学三年级学生要得到伯克利研究生院的录取，陈省身教授曾为我做了非常的努力。当陈省身看到一个年轻人具有潜力的时候，总是非常愿意给予帮助，本书的许多文章可以作证，很多外国学生，不仅是中国学生，当他们刚到美国，在初期感到孤独和生活上发生困难的时候，陈省身总会及时地、有效地扶助一个相当长的时间。”最后还总结地说：“他是我的老师，还曾经像父辈一样对待我，他给我的指导和帮助，我将永远无法报答。”

下面再介绍一下笔者了解的一件爱生之事的简况。

朱德祥生于农村贫困之家、自幼丧父，因刻苦学习而以优异成绩考取清华大学清寒公费生，在西南联大受业于陈省身。陈省身知他亏债很多，便将从法国带回的两本新书 R. Garnier 著的《代数与几何》交朱德祥翻译，并写信推荐给重庆国立编译馆，以求对德祥有所补助。朱德祥自西南联大毕业，扎根边疆，把一生献给云南教育事业。为了弘扬他的精神，1991 年我专赴昆明编辑他的文集。虽历 50 多年的沧桑巨变，德祥回忆这段师恩时，还满怀深情地对我说："那时，陈师已是西南联大的名教授，还对我这个穷学生倍加爱护，令人十分感动。"

在编辑《朱德祥文集》时，为了给文集增辉，我贸然地给陈省身、杨振宁各写一信请他们题辞，没料到他们都很重旧情，使我们很快地如愿以偿。

1992 年 6 月，早已誉满天下的陈省身，再度踏上云南故土，尽管应酬频繁，仍抽空携夫人亲临德祥简朴的居室（朱德祥生前把全部稿费和节俭的积蓄捐给云南师大设立奖学金），看望叙旧。既无得志的傲气和大师架子，也丝毫没有以老师、恩人自居，点滴小事也足见爱生之挚、待人之诚。

陈省身关心、爱护学生，指导、帮助弟子的事迹，举不胜举，以上三则，仅见一斑。

下面再略谈一下省身的尊师之德。

省身院士尊师敬师也是我们的楷模，我们读省身大师所写的回忆文章，多次提到姜立夫、杨武之等老师对他的帮助和提携。就笔者所见，从未看到他自己提及对老师的关心和帮助。近读王元所著《华罗庚》一书，第 323 页上有一段这方面的记述，现录之如下：

熊庆来患中风，即脑溢血，使他半身不遂，虽经治疗仍残而不废。他一个人客居巴黎，生活颇困难。他依靠一个侨居巴黎

的画家儿子熊秉明的赡养，也靠过去的朋友与学生的周济。据熊庆来说他的学生陈省身就曾寄过钱给他……

7. 慨允题辞，应邀讲学

贵州省数学会前几年就在筹办一份数学小报，以促进我省数学教学质量的提高，在筹办过程中想请数学大师题写刊名，以提高报纸的声誉。为此，在参加中国数学会 60 周年大会的余暇，我怀着惶恐之心，请陈省身题字，可能是因我曾为他的学生朱德祥编过文集，他当即满足我的愿望。回黔后才发觉用圆珠笔题的字，因笔画较细，欲作刊头不够醒目，故又写信给已返美的陈省身，很快就收到他用毛笔题在宣纸上的刊头，真让人喜出望外。在省数学会的常委会上传看时，大家都非常高兴。虽然筹办的报纸未获批准，但却给我们留下了珍贵的墨宝。陈省身对贵州数学界的关心和帮助，永远是鼓舞我们的力量。

得陇望蜀，喜获所盼题字之后，我们又滋生了非分之想——邀请大师回国时，来贵州讲学。于是便和我们敬佩的大师通起信来。开始，陈老总是婉言推辞，后来终被我的诚意所动。这样就促成了陈老于 1996 年 5 月 22 日—28 日来贵州讲学的盛事。对此，我还借《贵州教育学院学报》1997 年第 3 期编辑出版了一期“陈省身等访黔专刊”。

大中學生數學園地

陳省身

長明教授：

謝謝你的信

囑題字附上，如有需

具名，可以蓋上

祝暑好

陳省身

1995 7 5

中国数学会 60 周年大会期间本书作者拜会陈省身（周肇锡，摄）

8. 关心贵州，情长谊深

陈省身先生访黔之后，还时时关心着贵州数学界，并提携贵州的后辈。现在我还清楚地记得：当年省身老先生离黔返津时，我请当时的贵州民族学院数学系主任（现任贵州师范大学校长）伍鹏程教授代我陪送。在飞机上，陈老主动关心鹏程的学业，得知

他深研的方向是复分析，陈老便亲切地与他谈起复分析的发展。陈老说："芬兰出了林德罗夫（Lindelof. E. L，近代复分析的创始人），贵州人口比芬兰多，面积比芬兰大，资源也很丰富，数学已有一定的基础。贵州为什么不能出个林德罗夫？应该出个贵州的林德罗夫。"

伍鹏程同志在大师的鼓励下，次年又再一次踏上芬兰这块复分析的发祥地，专门从事复分析的研究工作。功夫不负有心人，一年的辛勤耕耘，喜获丰收。芬兰科学院还将其研究成果出了一册专辑。前年我将鹏程赠给我的这本专辑，转呈给了省身大师。他看了十分赞赏，并嘱咐南开数学研究所所长周性伟教授发函，专门邀请伍鹏程去南开数学基地做一段时期的研究工作。还特别注明一切费用由南开支付。

李长明、伍鹏程教授代表贵州数学界专程赴穗远迎从香港归来的陈省身大师。图为他们护送大师飞抵贵阳下机的情景

周家足是贵州榕江人,大学毕业考上武大的研究生,先在贵州师大数学系任教,后去美国攻读博士,并留美任教。他的专业正是陈省身先生开辟的现代微分几何,他的工作很得陈老的赏识。陈老在贵州访问期间,与省科委座谈时,还特别提到周家足,并对他的工作安排表示关注。他建议省里争取周家足回国工作。陈老返美后,又给我写信说他是香港求是基金会的顾问,该会有一鼓励留学生回国的奖金。这项奖奖金每年 1 万美元。可连续得四年。但也有一个条件,需回国工作一段时间。这也是该会设此奖的初衷。由于陈省身先生的崇高威望,当时正在阿曼工作的周家足,顺利获得了此项奖金。阿曼教育部闻此喜讯,还专门为周家足开会祝贺。陈省身大师定居南开之后,也多次邀请周家足到南开访问,并设宴款待。还时时谈及那年对贵州的访问,并嘱他到贵州后向我问好。

对鹏程和家足的关怀和提携,充分体现了省身大师对贵州数学发展的关怀。使祖国成为 21 世纪的数学大国,是省身先生毕生的宏愿,在陈老的心中,祖国任何边远的地方,只要有献身数学的人才,他都愿倾心扶持。

9. 老当益壮,又破难题

省身大师访黔时,已是 85 岁高龄的老人,两个

多小时的演讲或座谈，精力充沛，思路清晰，谈到当代数学的发展，如数家珍。让人为他严密的思维和敏锐的反应而折服。他告诉我们，虽过八旬，每年都经常思考一些问题，且有数篇论文问世，特别是在93岁高龄时，还完美地解决了一道世界难题，对此，这里转引一下张奠宙教授2004年的一段访谈录：

张：听说您最近解决了 S^6 这个百年悬而未决的难题。

陈：是的。这是指6维球面上不存在复结构。以前也有一些论文，都不大对。我从2002年下半年开始，用一个巧妙的方法把它解决了。我想把它在中国的数学杂志上发表，已经在和上海的《数学年刊》接洽。

张：您93岁高龄，还能解决世界性的难题，应该说破了世界纪录。那么您为何能做到这一点呢？

陈：我喜欢数学，也只会做数学。我不会欣赏音乐，不喜欢体育，也不大会做实验，所以只好读数学，做数学，终老一生。

（《高等数学研究》2005年第2期）

数学家长寿的多，但到93岁高龄尚能妙解百年久悬的难题，虽不敢说绝后，但至少是空前的。

省身大师谦虚地说"只好读数学，做数学"，其实陈老的书法也很在行，诗词也很到家，他随意写的诗，不仅朗朗上口，还有意境和韵味。这里不妨摘录两首：

纸　鸢

纸鸢啊纸鸢！
我羡你高举空中；
可是你为什么东吹西荡的不自在？
莫非是上受微风的吹动，
下受麻线的牵扯，
所以不能干青云而直上，
向平阳而落下，
但是可怜的你！
为什么这样的不自由呢！
原来你没有自动的能力；
才落得这样的苦恼。

雪

雪啊！
你遮着大地，
何等洁白，
何等美丽，
何以为人们足迹所染污！
负了造物者的一片苦心，
我为你惜！
我替你恨。

注：此二诗刊登在原交通部天津扶轮中学校刊《扶轮》第 8 期（1926 年 4 月）上。

1926 年，陈省身年方十五。一位中学生就能写出这般好诗，如果继续朝文学方面去发展，前途也是不可估量的。只是更爱好数学，才献身数学，成为一代数学大师。

2002 年 8 月，在北京举行国际数学大会期间，陈省身以 91 岁的高龄为少年儿童题了“数学好玩”四个大字，道出了省身大师 93 岁还巧解世界难题的奥秘——陈老已进入了“玩数学”的最高境界。

谁不喜欢玩，玩又何分老少。数学已成为陈老自娱自乐的玩具。思考数学问题，已成娱乐，何其轻松，何其从容。遨游神秘的数学王国，犹如闲庭漫步。这才是研究数学的至高境界。

自学成才的数学泰斗——华罗庚

华罗庚(1910～1985),在我国是家喻户晓的数学大师,他的故事很多。不仅有多种版本的传记,还有《华罗庚》的电视连续剧曾在全国播放。本文的目的是择其几个有意义的小故事以期对求知欲旺盛的青少年有所启迪。

1. 锋芒初露，幸遇伯乐

众所周知，华罗庚成为世界闻名的大数学家，重要的一步是，被时任清华大学数学系主任的熊庆来，把他调到高等学府，才使他的智慧有了充分发挥的良好环境。

那么要问：远在江苏金坛小县、默默无闻的千里驹，又怎样令素不相识的伯乐相中的呢？这要从华罗庚当时的一篇文章说起。现在就让我们来欣赏一下这篇文章的一段精彩的开场白：

> 五次方程式经 Abel、Galois 之证明后，一般算学者均认为不可以代数解矣。而《学艺》7 卷 10 号载有苏君之“代数的五次方程式之解法”一文，罗欣读之而研究之。于去年冬亦仿得“代数的六次方程式之解法”矣。罗对此欣喜异常，意为果能成立，则于算学史中亦可占一席地也。唯自思若不将 Abel 言论驳倒，终不能完全此种理论，故罗沉思于 Abel 之论中，凡阅一月，见其条例精严，无懈可击。后经本社编辑员之暗示，遂从事于苏君解法确否之工作，于 6 月中遂得其不能成立之理由。罗安敢自秘，特公之于世，尚祈示正焉。

有点初中数学知识的人都知道:解方程是初等代数的一个基本内容。而且一次、二次方程都有普遍的求解公式。三次、四次方程的解法于 1545 年由意大利的卡尔达诺(G. cardano)首先公布。于是,继续寻找五次和五次以上的方程之解法,便是当时代数的一个重要问题。经过两百多年很多数学家的艰苦探索而未果时,人们就怀疑是否这种解的公式根本就不存在。沿着这一思路,终被年轻的挪威数学家阿贝尔(Abel. 1802～1829)证实了。他的论文《论代数方程,证明五次方程的不可解性》于 1824 年问世。由于它的重要性,于 1826 年由德文的《纯数学与应用数学杂志》的创刊号再次刊出,创办这本杂志的克雷尔(A. L. Grelle 1780～1855)也因刊载阿贝尔一系列文章而在数学史上享有盛名。

简述这段历史,才有助于我们了解华罗庚的这个开场白。

善于思考,是华罗庚自学卓有成效的重要原因。对一篇文章,先是仿得六次方程之解法,对受过大学数学专业训练的人,能做这样的推广,都应受到赞赏;进而又对比鉴别,发现错误,更是难能可贵。何况是一位只有初中文化的失学青年。顺便说一下,发现错误也非易事。阿贝尔最初也曾得到五次方程的解法,他的启蒙老师与当地大学教授都看不出有什么错误,转请当时芬兰最有名的教授审阅,也未看出破绽(见阿贝尔的故事)。难怪熊庆来要将华罗庚收入麾下。

其次，这篇文章的开场白，也写得十分精彩。文白结合，言简意赅，又不乏诙谐、风趣。故读之有味，逗人喜爱。这也是读其文想见其人的原因。或许，这是当年引起熊庆来重视的原因之一。由此可见，即使钻研理工，也应该重视语文的学习，打下良好的语文基础，就可以准确地用语和精彩地表述。也有助于我们走向成功。华罗庚的经历，便是一例。

一篇文章便使华罗庚一生发生了重大的转折，因此，有为的青年，不应一味抱怨：世无伯乐。而应像华罗庚未遇之时，先勤奋地学习，刻苦地钻研。只要成绩突出，终有脱颖之时。

2. 浮想联翩，出口成章

1953 年，为了加速科学技术事业的发展，中国科学院组织了一个以钱三强为团长的出国考察团。26 人的代表团除华罗庚以外，还有许多著名的学者和专家，如张钰哲、赵九章、贝时璋、张文佑与梁思成等。

当时，航空业还没现在这样发达，乘火车到莫斯科的漫长旅途中，虽也谈古论今，畅叙科坛的种种新气象。但空闲的时间毕竟还多，多才的华罗庚想到在座的两学友，诗兴蓦然大发，于是口占一副上联

三强韩赵魏

请大家对出下联。

对联,也是中国文化的一脉,有着悠久的历史。像这样一副以数字三开头的对联,也有不少流传的佳话。如北宋有人以“三光日月星”求对,苏东坡则以“四诗风雅颂”应对,就对得妙。以四诗对三光,而我国最早的《诗经》共有国风、大雅、小雅、周颂四大部分,故以风雅颂应四诗,巧对日月星应三光。清代的扬州八怪之一的郑板桥,以诗、书、画皆佳而闻名于世,于是有人送了一副对联:

三绝诗书画,一官归去来。

以“一官”对“三绝”,上联称赞他的多才,下联颂扬他的品德,因为归去来是借陶渊明的《归去来辞》的典故。

华罗庚的上联,以数“三”为首,故要求下联也要以某个数字开头,而且后面的字义须紧扣前面的数字,故属于难对之列,因此使在座这些平时埋头于自己专业的科学家,一时不知如何应对。在沉默多时之后,只好让胸有成竹的华罗庚解开这悬在大家心中的谜团。华罗庚于是抛出腹中早已拟好的下联:

九章勾股弦

以“九”应“三”,妙在九章对的三强,正是在座两位物理学家的大名。再进一步追究,紧接的两个半句:韩、赵、魏,不仅是战国时代的三强,而且是从曾经称霸一时的晋国分出来的;相应的九章不仅是人名,也指我国古代数学名著《九章算术》,勾股章是此书最末一章,而勾股弦又是直角三角形的三边,反映其间联系的勾股定理（勾^2＋股^2＝弦^2）也是我国最早发现的，故又名商高定理（国外称毕达哥拉斯定理）。据此，以九章勾股弦应对上联，真是绝妙的一对，因此才成广为流传的佳联。

数学与文学，从研究的对象观之，似无共同之处。但要发展、创新都离不开浮想联翩。文学创作中“寂然凝虑，思接千载，悄焉动容，视通万里”，方能笔下生花，文采飞扬。而数学中由此及彼的联想，也时时催生出奇思妙想。笛卡尔企图使难证的几何问题像代数的演算一样，有规可循。结果使他成为解析几何的创始人。至于数学中的巧法妙招，出于“他山之石”。更是举不胜举。

华罗庚不但是一代数学大师，也擅长诗文，并留下不少优秀篇章，传为美谈，原因也在于此。难怪魏尔斯特拉斯（Weierstrass）有一句名言

> 一个数学家，如果不在某种程度上成为一个诗人，那么他就不可能成为一个完美的数学家。

3. 独立思考，求新求真

> 月黑雁飞高，
> 单于夜遁逃。
> 欲将轻骑逐，
> 大雪满弓刀。

这是唐代著名边塞诗人卢纶写的《塞下曲》中的一首，歌颂守卫边疆的战士，在艰苦环境中乘胜追击为纷飞的大雪所阻的情景。爱国的主题、优美的意境，经过历史的筛选，不仅流传至今，还被选入当代中学语文教本中，成为受人喜爱的范文。

几百年来，人们在读这些名篇时，都在赞赏诗人描写的北国风光和雅俗共赏的意境，却从未产生过什么疑问。而华罗庚在读这首诗时，却想到了诗中时令与候鸟南飞的季节不合。于是，也写下一首五言诗

北方大雪时，
群雁早南飞。
月黑天高处，
怎能见雁飞。

这也反映出华罗庚过人之处：善于从无疑处发现有疑。当时(1966 年)中国科学院有人问华罗庚："有些方法，外国人说它对，中国就有人跟着说对，你为什么能看出它的毛病呢?"华罗庚即以此诗作答。

对名诗的质疑，与前面指出苏君五次方程式解法之谬误，真有异曲同工之妙。因为都是善于独立思考所结之果。所不同者，前者是数学，是对是错，二者必具其一；后者是文学，允许不同的观点，不同的看法。不然，同一首诗怎会有不同的注释，相异的体会？因此，虽说华罗庚的质疑言之有理，但完全否定《塞下曲》那优美的意境，广大的唐诗爱好者也于

心不甘。于是有人将华罗庚的诗抄寄郭沫若求教。郭老不愧是富有浪漫主义气质的杰出诗人，很快以下述五言诗作答：

深秋雁南飞，
懒雁慢未随。
忽闻寒流至，
奋翅连连追。

妙的是，郭老既默认了华罗庚的质疑，又不否定《塞下曲》那感人的艺术特色。将看似对立的观点，用“懒雁”将二者兼容。双全其美，极具巧思。艺术的真、善、美，在不同的看法中也得到了体现和统一。

这里，联想到古代一则类似的故事：苏东坡在王安石书房里，见王写的两句咏菊诗

黄昏风雨打园林，残菊飘零满地金。

便暗自发笑：菊花盛开于深秋，最耐寒霜，任凭老来焦枯，也不落花瓣，怎会“满地金”呢？于是擅自续上两句：

秋花不比春花落，说与诗人仔细吟。

后来，苏东坡到了黄州。重阳季节，连日大风之后，果见菊花落瓣满地，枝上全无一朵。正是王安石描写的景象，方悟自己见识寡陋。

菊花多种多样，因地而异，雁的勤、懒，却是诗人的想象。古代诗人都很注重季节与时令，因此不免产生疑问：古代是否真有秋冬并不南飞的雁？想到安石、东坡的逸事和物种的多样性，就不排除这种可

能；再依适者生存的进化论观点，南飞是因不适应寒冷的气候，故也可能有个时间逐渐提前的演变过程；再说，物种的多样性，是否也有一支耐寒的雁类，久栖北方！只不过后来由于某种原因不幸灭绝！想到这里，不禁凑上几句

物竞由天择，
万物都在变。
安知千年前，
北国冬无雁。

近读一首送别的唐诗(高适《别董大》)：

千里黄云白日曛，
北风吹雁雪纷纷。
莫愁前路无知己，
天下谁人不识君？

那送别的景象分明是，群雁在大雪纷飞中，迎着北风振翅高飞。如果我们承认唐诗写景的真实性，那么上述的推测，在此诗中也得以佐证，唐诗是祖国文化的宝库，笔者只是偶读名篇，一鳞半爪，想必在丰富多彩的唐诗中，描写此冬雁的恐不止以上两篇。

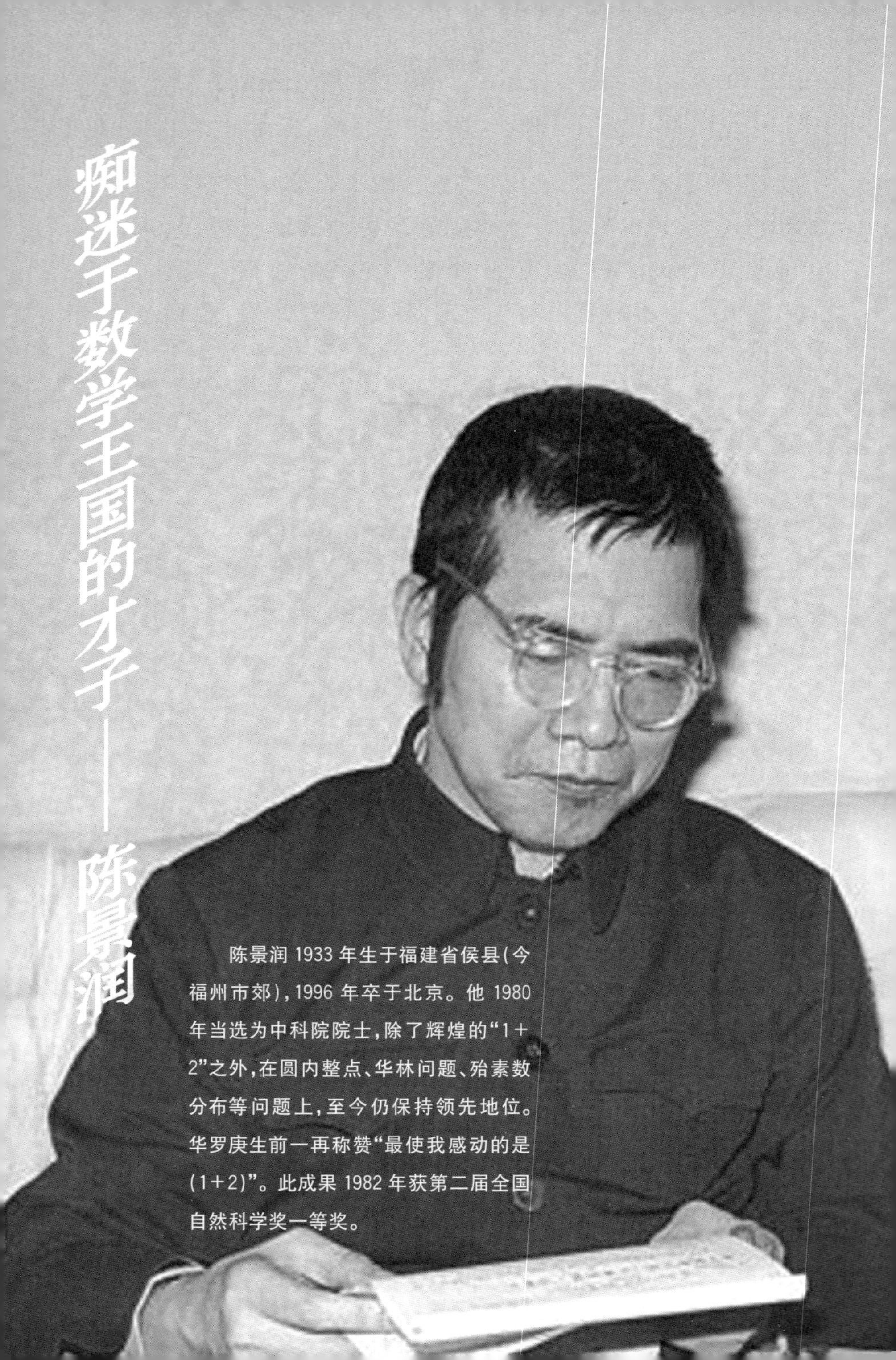

痴迷于数学王国的才子——陈景润

陈景润 1933 年生于福建省侯县(今福州市郊),1996 年卒于北京。他 1980 年当选为中科院院士,除了辉煌的“1+2”之外,在圆内整点、华林问题、殆素数分布等问题上,至今仍保持领先地位。华罗庚生前一再称赞“最使我感动的是(1+2)”。此成果 1982 年获第二届全国自然科学奖一等奖。

1977 年 9 月，著名作家、诗人徐迟发表的一篇报告文学《哥德巴赫猜想》，使陈景润的声誉一夜鹊起，成为全国妇孺皆知的名人。接着报导他的事迹、赞颂他的精神，也散见各种报刊，传记、电视连续剧也相继问世。笔者有幸与陈景润相识，这里仅记述一下接触到的几件小事。平凡之中也反映出他谦虚的美德和高尚的情操。

1. 初识名人，题诗勉励

1983 年由教育部组办的中国高等教育学会，决定在首都京西宾馆召开第一届理事会。被错划 20 多年右派的我，有幸在改革开放的时代被推选为贵州的理事，于 5 月初赴京开会。因数学研究所有几位相识的朋友，赴京一次不易，故开会之余，便去中关村拜访好友李培信等。那时，他还住在 88 楼（现改为研究生楼），就像学生宿舍一样，一家住一间，只有 20 多平方米的大小。过道里，几乎家家门口摆一个烧煤的炉子。生活条件之简陋，由此可见一斑。再想到陈景润当年住的只有 6 平方米的小屋，就更是唏嘘不已！

在数学所，陈景润信赖的、可以无所不谈的好友，李培信是其中一位。当李培信得知我心仪景润已久，便提议次日他在家设宴，请景润做陪。本来，我最怕给人添麻烦，但一想，这机会难得，也就顾不得谦让、推辞。当时，与我同去北京开会的还有时任贵州教育厅副厅长的高永清，他同样钦慕大名鼎鼎的陈景润，因而也不顾连主人都素不相识，欣然答应与我次日同往。

常听人说，傲气与取得的成绩成正比。我还曾顾虑与已誉满天下的陈景润难以接近。谁知一见面，他就笑脸相迎，操着浓重的福建口音，轻声细语与我们寒暄。永清称赞他为科学作出了巨大贡献。他连说算不上什么贡献，厅长的贡献才大。叫你在他身上感觉不到一点成名后的骄气、傲气。席间我们问他愿不愿意到贵州讲学。他谦虚地说：只要能起到促进作用，他就乐意去。

当年我 15 岁的女儿正欲报考数学系，因此饭后我冒昧地请他题字。他谦虚地说，字写得不好。言下之意并未拒绝，我赶紧把早已准备好的本子，摊在他面前。他却收起本子，说回去想一下再写。本来，随便写几个字，就可以应付了事。只要是他的亲笔，大家都会视为珍宝。一件小事，他都这般认真。处处体现着他一丝不苟的严谨作风。

李小雪同学：
树雄心要立壮志，
多思善想解难题；
四化任重人才难，
德智体美务求全。

陈景润
1983年5月24日

诗言志。从不在外说豪言壮语的景润，题诗的头一句便表露了他久藏的心迹。大家都知道：他那几麻袋的演草纸蕴涵着多少曲折，多少艰辛！试想：若无破纪录、登高峰的雄心壮志，又哪会有锲而不舍的精神去攀登高峰。因此，题诗既是对广大青少年的勉励和引导，何尝不是他心声的吐露和切身体验。

2. 贵州讲学，约法三章

1983 年暑假，陈景润应贵州民族学院数学系谭主任的正式邀请到贵州讲学。对已闻名遐迩的数学家，大家都想高规格地接待他，以显人们对他的景仰与爱戴。然而，他却约法三章：一不坐软卧，二不住宾馆，三不要公家宴请。叫人感动不已！

景润的约法三章，是真心实意而非客套。因为他迷恋数学如痴如醉，以至对衣食住行，毫不在意，无所追求。另一方面，不但自己的生活节俭，更注重为国家节约。这里我们再引用他出国讲学，也精打细算的事例如下

> 陈景润在巴黎期间，每月除了由法方支付 6000 法郎的房租之外，他还有 3000 法郎的纯收入。但他仍然注意节俭开支。在他离开法国之前，还有 5000 法郎的结余。12 月，当他要离开巴黎，前往英国的时

候，我驻法使馆的工作人员，建议他坐飞机去伦敦，再从伦敦乘火车去诺丁汉大学。陈景润坚决不同意，他自己算了一笔账，坐飞机到伦敦要90多英镑，坐火车只要22英镑。他对使馆的工作人员解释说："我们的国家还不富裕，普通工人、农民的收入还很低，我这里舒服一下，就要花掉普通百姓好几个月的生活费，我还是坐火车吧！"

（王丽丽、李小凝，《陈景润传》第209页）

对照他在贵州的约法三章，就会看出：他为国家处处节约，是真心实意、前后一贯的。与时常披露的慷国家之慨，谋一己之利的丑事相比，真叫人感慨万端。

于是，遵他之意，安排他住进了民族学院普通的教工宿舍，并在食堂吃客饭。景润在食堂吃饭，饭后都不忘去厨房向炊事员致谢。本来，文化水平欠高的同志，在专家学者面前多少有些自卑感，但大家看到，这位中外著名的数学家如此和蔼可亲，都十分感动。

景润待人和蔼可亲。他不让公家宴请是为国家节约，但不反对到朋友家做客。为了调剂生活，让他有宾至如归的轻松，我们当时议定：由谭鑫和我等轮流做东，设家宴款待他。幸好，当年妻子做得一手好菜。她专门买了一只鳖，文火烹调。因她也体弱，深知鳖的滋补功效。那时，人们还不像现在这么看重保健，注重营养。鳖也只比鲤鱼贵几毛钱，还是野生

的。谁知，长期的节俭，使景润早已养成不食鱼、虾的生活习惯，他只把搭配的皮蛋和新鲜的茄子、冬瓜等素菜，当成可口的美食。

本书作者（右）与陈景润（中）

归期已至，考虑到旅途长达两天两夜，为让他在车上舒适一些，少受些拥挤、喧嚷的干扰，也就不顾原先的约定，借口硬卧票早已售完，给他买了一张软卧票。因行期已定，他也只好如此。临别时，民院领导、数学系教师都来送行，乘务员见被送的客人朴素得像个刚进城不久的农民，哪有一点厅局长的气势（按那时的规定，坐软卧的待遇，厅级干部才能享受，买票还要单位证明），很是诧异。经我们介绍，方知是早就令人尊敬的一代科学巨星，如今近在眼前。不仅笑脸相迎，而且欣喜异常。于是，我们也趁便委托，一路多加照顾。她们连声：当然、应该，还说难遇这样的机会。一位不善自理的书痴，有乘务员细心关照，也叫人放心。列车徐徐出站的时候，景润还在窗口，笑吟吟地向我们挥手……

3. 重情重义，关心少年

景润在贵州期间，除了讲学，便回到住所，沉浸在他热爱的数学世界里，婉谢了一切参观与游览。但对省、市教育厅、局组织的，为全市中学生做一次科普报告的要求，却一口应承，体现出他对青少年一贯的关心和爱护。答应之后，便认真对待，专门选出一些适合中学生的浅显题目，使欲讲的学好数学的体会和方法生动具体。

当年，也正是陈景润声誉如日中天的时候。求知欲旺盛的中学生，不仅想从报告中获得知识，受到启发；而且更想一睹名家的风采。因为那摘取皇冠明珠的辉煌，在广大青少年的心中，早已无限向往，奉为将来实现理想的榜样。因此，那天报告会所在的六广门体育场，早就坐满了全市广大的中学生。景润一到，全体起立，热烈鼓掌，响彻云霄。表达了广大青少年对自己钦佩的科学家由衷的爱戴。景润也很受感动，连连招手，鞠躬致意，并连声谢谢大家。

景润那时，口齿清楚。但浓重的福建口音，听起来就比较吃力，声音也不算洪亮，虽有麦克风，但宽阔的会场，除前面少数还能听清楚以外，后面的就差

多了。因此，事后有人讲，效果不好。我说不然，因为言传不如身教。英雄出少年，将来，这些学生也一定有出类拔萃，成为某行业的佼佼者。那时，忆起当年攀上科学顶峰的陈景润，那大智若愚的大家风范，比追星族盲目捧一时走红的这星、那星，有意义得多。因为我们常听说这星的绯闻，那星的丑事；这样的纠纷，那样的官司……对免疫力弱的纯洁的少年，说不定还有不良的副作用。而专家学者，特别是大科学家，大都注重修养，严格要求自己。所以，见见著名的大科学家，他们的言行和风度都会感染我们，并起着潜移默化的良好作用；若再有"听君一席话，胜读十年书"的机缘，那更是三生有幸。

4. 平易近人，有求必应

我国是四大文明古国之一，重名轻实也有悠久的传统。景润来贵州时，正是他声名鼎盛的时期。贵州民族学院那时恢复不久，师资缺乏，因此，请名家当兼职教授，并代为培养青年教师，便是提高学校品位的重要措施。因此，请景润当兼职教授，就备显珍贵。当院系领导向他提出这一请求时，他不仅没有拒绝，还答应带一名青年教师到北京去加以培养。

1994 年，我省数学会拟办一份面向中学的数学小报。为了提高报纸的声誉，当时我委托数学会秘书长金明仲教授趁赴京开会之便，在景润好友李培信研究员的陪同下，到中关村医院去请景润担任名誉主编。念及访黔的友情，出于对青少年的关心，卧病在床的景润欣然应允，在别人搀扶下签下了他的大名。

除了以上大事，系里老师，学院干部以及食堂炊事员，请他合影、求他签名，诸等小事，他也一一应允。不仅没有厌烦之情，合影时，还侧身友好地拉着你的手，亲切之情，令人动容！这哪有一点功成名就，便心骄气傲而高人一等的味道！

景润去世以后，数学所写的悼词（陈景润院士生平事迹简介）中，总结了他一生的成就与为人后说：

大家都说，他是个实实在在的大好人。

在贵州的这些平凡小事，也印证着上述朴实而中肯的评价。

5. 一点遗憾，一点惋惜

景润痴迷数学非常人所及。在贵州讲学，除了讲课、主持讨论班，依然是一头扎进他那深奥的数学王国里，似乎只有那里才是他快乐的天地。因此，他始终谢绝了旅游的安排。当时，我们为"来日方长"所误。因为，那年他身体尚好，贵州民院坐落在郊区山坡上，人们戏称为"布达拉宫"（傍晚，那高耸的办公楼、宿舍内灯火一亮，从下面一望，还真有些传

神)。景润每天从宿舍到教室,去食堂,不仅走路,还要爬坡,步履虽缓慢一点(正如徐迟写的,慢是因他走路也常在思考),但行走自如,是健康的表现。同时,他对贵州也有很好的印象,所以大家心中想到的是,以后还要请他再来,便没有硬陪他去观赏一下国内最大的黄果树瀑布。谁知,次年(1984 年)他便被确诊患有“帕金森氏综合症”。体质渐衰,不宜远行,让人深感遗憾,也是我们无法弥补的过失。

1995 年,中国数学会成立 60 周年大会,在北京清华大学召开,我趁参加盛会之便,去数学所看望朋友。听说景润在中关村医院养病。便约上李培信、周龙骧两位博导同去探视。一进病房,见景润坐在靠椅上,精神颇佳,气色也好。十多年不见,不仅叫出我的姓名,还记得在贵州的人和事,只是话语含糊不清。但长期在身边陪护的人员却听得懂,给我们转述出来“谢谢高厅长”,“谢谢谭院长”。我们一听便知,十多年前短暂的相处还记得那么牢,说明他神志十分清醒,只不过体弱。其原因完全是钻研数学夜以继日,劳累过度,加之长期清贫所造成的。数学所在他去世后写的《陈景润院士生平事迹简介》中,说

他的成就是用生命换来的

非常切合实际。

陈景润在哥德巴赫猜想的成就,至今保持世界领

先地位，而且还看不出这一世界纪录何时才能被打破。因为难度太大，难怪在世界权威的《100个具有挑战性的数学问题》一书中只提到两个中国人——一个是1500年前的祖冲之，一个是20世纪的陈景润。

以此观之，哥德巴赫的领先地位，堪与许多获菲尔兹奖的成就相媲美。只因菲尔兹奖有40岁以下的限制。虽说陈景润37岁(1966年)时已证出“1+2”，但受“文革”的影响，迟至1973年才正式发表。四年一次的菲尔兹奖，轮到1974年颁奖时，在该年举行的国际数学大会上，介绍庞比尼获菲尔兹奖时，特别提到“陈氏定理”，作为与之密切关联的工作，言下之意，陈景润当年已满41岁，不然可以并列。事实上，好多届都是两人或三人共获。而这次只有一人。接着的两届(1978、1982)国际数学大会都向陈景润发出了作45分钟报告的邀请，这也是国际数学界公认的殊荣。

陈景润之伟大，不仅是他登上了科学的巅峰，而且还有他那不争名利的纯真与高尚。他从未去争什么奖，如有争奖的心思，哪能有痴迷的忘我的境界！这又如《陈景润院士生平事迹简介》中说的

> 他生活上要求很低、很低，与世无争；
> 而在科学上的奋斗目标却很高、很高，要在
> 国际前沿中为中华民族争一席之地。

不过，值得欣慰的是，历史是公正的。在数学史上，

景润辉煌的成就，将永放光芒。

附录：一点补充

（作者：林敬藩，贵州民族学院数学系教授）

读了长明兄的文章，深有感触。1996 年 3 月底，陈老师不幸仙逝，我和长明兄作为贵州的代表赴京吊唁，数学所的同志很感惊奇，因为全国只有我们这个边远的穷地方派人去吊唁，而追悼会上长明兄的一副挽联

“景色壮观耀数苑，
润泽华夏无所求；
永为数坛一贤圣，
生命溶于猜想中”

排在会场的显眼处，博得到会的各界同仁的一致好评。其实，陈老师对贵州的感情之深是一般人难以想象的。下面补充几件事例：

一、“约法三章”之由来

1981 年，陈应省教育厅之邀来贵州讲学，住花溪宾馆（碧云窝），包一辆出租车每天 60 元，加上吃住，每天大概是 100 元，这 100 元按当时之标准是我这个 21 年教龄的大学讲师一个半月的工资，差不多是一张贵州到北京的飞机票价格，对此，陈一直耿耿于怀，多次谈起这一往事，觉得太浪费。因此，1983 年来民院讲学，就再三交代，约法三章。

二、刚搬完家即来贵州

陈老师是 1983 年 7 月下旬从中关村的小屋搬到海淀黄庄的大楼新居的，才搬完两三天即起程到贵阳。8 月初，中国数学会普及委员会主任裘宗沪来贵阳讲学，到民院与陈老师聚会时，对我们讲：你们胆子真大，如果陈景润有什么三长两短，你们负不起责任，为了陈的搬家，中共中央办公厅要数学所随时汇报搬家的情况，因为这是邓小平、胡耀邦同志直接过问的。对此我们有点后怕，但当时受陈老师的那种热情、朴实的作风所感动，也没有想那么多。

顺便再提一下，陈的新居当时是对有特殊贡献的专家的特别照顾，一般的院士(学部委员)当时是得不到的，当年陈还有另一项照顾：每月30元的特别奖励！1996年，在追悼会上，我碰到陈的几位福州来的亲戚，他们大为感慨，原以为陈的房子有多高级，进去才大吃一惊：没有装修，地面连瓷砖都没有，只是光的水泥地板，连一般的工人都比他住得好！

三、三件东西

陈从北京来贵州带来三件东西：茶叶、录音带和西红柿。

陈老师从来是烟酒不沾，但因来自乌龙茶之乡的福建，对茶叶却有偏爱，这是出门必备的“高级享受”。

不要以为陈是呆头呆脑的书呆子，他的艺术素养却比一般人高出很多，他是一个很有水平的音乐迷！来贵州带的录音带全部是古典音乐，以西洋为主，即所谓的“雅乐”。陈老师在工作时一定要放录音带听音乐(本人自20世纪50年代中期起也有此习惯，其实，当你思考你的数学问题时，录音机放的是什么曲子是注意不到的，但左右脑并用，思维的效率却大大提高，这是一般人不易理解的)。有人说：与音乐美最接近的不是美术而是数学，只不过音乐的美是雅俗共赏，但不懂数学却无法体验到数学之美！数学家喜欢音乐不是个别现象，而是相当普遍。但多数以雅乐为主。

陈带来的第三件东西是几斤西红柿！他说一斤苹果一元多钱，但北京一斤西红柿才5分钱，其营养价值不比苹果差，故顺便带些来，作为饭后水果！

四、在民院的吃、住、讲学

由于生活习惯相近，系里派我和令狐昌仁(现贵州财经学院副院长)陪陈老师。一方面陈有约法三章，加上民院刚刚创建，条件之简陋是可以想象的。

学院安排一套50多平方米的教工宿舍，搬了两张50年代的单人木床，一套藤沙发，一张桌子，两把椅子(也都是50年代的古董)，加上一台老式录音机，这就是接待世界知名专家的全部设备。每天晚上由令狐老师陪陈老师过夜。

食堂在宿舍后边，是当年修湘黔铁路时的工棚，至今仍在！将近半个月的时间，每顿由我做陪在食堂吃饭，标准是每人5元，每顿一荤一素一汤，陈几乎是一顿一个最多一两的馒头，食堂的师傅为能为知名的专家服务，很是高兴，精心安排，陈则经常与工作人员聊天，毫无架子。

陈讲学的内容是《组合数学》，除民院教师外，还有省内中学教师参加，是一个讲习班，共两个礼拜，讲了11次，因为组合数学的数学计算量特别大，式子太多，故陈的讲稿写得非常仔细、清楚(后来的专著《组合数学》是在此基础上完成的)。当时他身体不好，手抬不起来，故每次由我抄黑板。

陈景润和林敬藩在交谈

陈老师讲课不是干巴巴的满堂灌，而是交互式，经常让大家思考讨论，故课堂上相当活跃，正因为如此，我们的青年教师黎鉴愚才得到陈的注意，以后黎成了陈的学生、助手，行政秘书，生活秘书。数学所派了多人给陈当秘书，没有一个能“善终”，只有黎老师是“全职”，后来的专著也是陈与黎合著，而陈到河南等地讲学，也一定要带黎一起去。

五、陈景润与贵州民族学院

陈老师与贵州民族学院的关系确是民院之缘分，也足见陈老师之为人。1983年讲学之后，陈爽快地答应做我们的兼职教授，培养了黎老师，同时作为全国人大代表，在全国人大会议上串联一批代表提交提案：把贵州民院列为全国重点学校！虽然提案未能实现，但陈老师的这份心意应让我们贵州人、贵州民院永远怀念。

1983年讲学之后，返京的路费尚有余额，为国家节省一分一厘的他，却来信说：还有些经费暂时不寄还民院，因为他还要再来！可惜后来他身体越来越差，未能如愿。

有一件小事本人永生难忘：1986年元月我和谭鑫副院长到北京开会，谭要我看望陈老师，听说他住院，故先到数学所打听他住院的地方，数学所的同志很冷淡，说你们怎么能见到他，一般的部长要见他也不容易。我说只求你们告诉他住的医院就行，因为我有把握：贵州民院的人在他的心目中可能比部长还高！到了医院门口，我没多说，用香烟的包装纸写了一个便条请护士转交陈景润，不到5分钟，护士出来说：陈请你进去。陈见到我时的热情确是难以形容。我常说：一般人难见陈景润，可是贵州民院有五六个人，只要说出名字他一定要见（陈的记性好，更重要的是陈与民院有特殊的感情）。

累获重奖的数学大师——吴文俊

吴文俊（1919～2017年），中国科学院院士，在代数、拓扑、中算史和机器证明三大领域内都作出巨大的贡献。其杰出的成就有的被称为“吴示性类”、“吴方法”、“吴原理”等享誉国内外。

1. 首获重奖，崭露头角

1956 年，新中国一片欣欣向荣，社会主义改造宣布已全面完成，社会主义建设一个高潮接着一个高潮。同时，向科学进军的号角也已吹响，正是这形势大好的背景下，国家决定颁发自然科学奖。以奖励在自然科学各个领域里成绩卓著的科学家，并藉以鼓励有志的青年一代献身祖国的科学事业。

国家自然科学奖的一等奖是人民币一万元。

现在正在成长的青年一代，可能会产生这样的疑惑：国家的最高奖怎么才区区的一万元?

这是不了解当时的生活水平。那时，一个大学生在校的伙食每月也不足 10 元，而大学毕业后的工资也才 50 元左右，只有个别国家领导人才评得上的一级工资，也只有 500 元。直到“文化大革命”结束，改革开放初期提出让一部分人先富起来，富的标准也不过是个万元户。由此便可了解到：当时一万元的奖金是多么吸引人又令人羡慕！因此，在广大知识分子中，引起很大的震动，便是容易理解的了。

1957 年 1 月 24 日，公布了第一届国家自然科学奖的获奖名单，一等奖只有三名，获奖人员及其项目分别是

华罗庚：典型域上的多复变函数论

钱学森：工程控制论

吴文俊：示性类与示嵌类的研究

华罗庚：以他自学成才的传奇经历，早已名满天下，妇孺皆知；钱学森在美就是颇受重视的导弹专家，刚解放不久，便冲破美国重重阻挠，取道第三国毅然回国，后成为我国导弹之父。因回国后受国家领导人的接见和多方报道，成为海外知识分子回来报效祖国的典型，因而也家喻户晓；只有吴文俊鲜为人知，许多见到获奖名单的人还不知他是何方神圣。本来，吴文俊也是刚解放不久的1951年回国留学生，但因年轻（时年32岁），名不见经传而默默无闻。即使在数学界，也因研究的内容过于深奥，知音寥寥。从三个一等奖的项目名称看：《工程控制论》，顾名思义也略知大意；华罗庚的《典型域上的多复变函数论》，虽也有些专门，但读过理工大学都知道复变函数，就不难想到那是复变函数论的进一步发展。唯独吴文俊的《示性类与示嵌类的研究》深不可测。因为这是代数拓扑中的尖端课题。“文革”前，大学数学系还开拓扑学这门专业课，但仅限于基础的点集拓扑，几乎没有涉及到代数拓扑。“文革”后，因拓扑难学难教，又没“实际用处”，许多大学就改为选修，甚至干脆取消。因此，50多年后的今天，即使数学系的毕业生，对此也知之不深。

也正因为深奥，才反映当代数学发展的最高水平，吴文俊发现的示性类和相关的公式，已被国外的文献称之为“吴类”和“吴公式”。正因为这些杰出的贡献，1958 年在英国爱丁堡举行的国际数学家大会，特邀吴文俊去作分组报告。至今，能被国际数学大会邀请去作报告，都是极大的荣誉，表明其成果被国际所公认。因此，在获国家自然科学奖之前，吴文俊在国外数学界的知名度比国内高得多。

在向科学进军的号角声中，我国学习苏联参照欧美，建立体现最高学术水平的院士机构。不过建立伊始，或许为区别国民党中央研究院院士，我们称之为学部委员，1994 年又改称院士。既然国家自然科学奖授予成绩卓著、水平最高的科学家。那么，入选学部委员便顺理成章。1957 年 3 月，吴文俊顺利当选为中国科学院学部委员，时年 38 岁，是当时最年轻的学部委员。

可惜，好景不长，1957 年的反右，1958 年的红专大辩论，实为批判白专道路，1959 年的反右倾……在政治运动一个接一个的气氛中，不容你“两耳不闻窗外事，专心致意攻难关”。吴文俊不得不暂停再攀拓扑高峰的步伐，紧跟联系实际的号召，与许多数学界的人士一样，改变着研究的方向，以适应于形势的需要。

除了首届国家自然科学奖的一等奖以外，吴文俊还荣获以下三个大奖：

1994 年获香港求是基金会“杰出科学

奖”，奖金 100 万元人民币；

2000 年获首届“国家最高科学技术奖”，奖金 500 万元人民币；

2006 年与曼福德（D. Mumfoud 共获第三届“邵逸夫数学奖”，奖金 100 万美元。

此外，吴文俊在国内外还获过一些奖项，与上述大奖相比就微不足道，故不再罗列。

2. 成功启示，重要机遇

吴文俊取得卓越成就的原因何在？因素是多方面的。概括起来，主要有以下三点：

(1)兴趣：现代教育强调兴趣是学习取得成效的最佳动力，是很有道理的。相对论的创立者爱因斯坦，不仅物理造诣精深，小提琴也拉得美妙、动听。许多人不解，不曾想这位物理学界的泰斗，竟然也能奏出迷人的旋律。问他出自哪位音乐界的大师的门下，爱因斯坦答曰：“热爱是最好的老师。”

吴文俊对数学的爱好，用他自己的话来说：

数学有一种说不清的魅力，一旦上了道就恋恋不舍，不由自主地去爱好，不肯丢弃，从而从低级走向高级。

（《吴文俊之路》第 194 页）

吴文俊 1936 年考入交通大学，选择数学专业。

就是喜爱数学的表现，有志于走上这条道。然而，兴趣能否保持以至增长，还取决于学习过程。如果遇到误人子弟的教师，照本宣科，不知所以然。原有的兴趣就会因没有收获而降低。反之，师高弟子强，碰到循循善诱、水平又高的好教师，就会因深受启迪而兴趣倍增。吴文俊在大学求学时代也遇到一些好老师。因为当时上海交通大学已是我国一所著名大学，师资队伍较强，所以四年大学的学习，他打下了扎实的基础，因而学习数学的兴趣也随之增强。

(2)勤奋："师父领进门，修行在各人。"大学学习，只是打下了进一步研习数学的基础，要走到数学的前沿，还远不够。在大学三、四年级的时候，吴文俊对数学的兴趣更浓，学过数学专业的人都知道，实变函数论是一道关口。这是因为其中概念之抽象、论证之严格、习题之难做，都是公认的、突出的。对此，有人说：学通了实变函数论，才品出了数学的味道。因此，对实变函数论领悟的深浅，正是学业高低的标志。吴文俊在大三时教实变函数的老师是武崇林，由于教学得法，使吴文俊对实变函数论的兴趣大增。同时，学好实变函数论，又大大增强了吴文俊的自学能力，以致终身受益不尽。他对待这样高难度的课程所用的方法是：对重要定理学三遍，这三遍概括起来是：**读**、**习**、**通**。

读，第一遍就是先对书上概念的引入、定理的证

明，粗读一遍。

习，第二遍是复习，但吴文俊的复习特别，像下盲棋一样，合上书本，把定理的证明默述一遍。这不仅是复习，也训练了记忆力。当然做习题也是复习必不可缺的。

通，第三遍是融会贯通，即不再局限于个别概念，定理，而是发掘它们之间应有的联系。这样才能看出它们所处的地位和各自的作用，心有全豹。

实变函数论也是通向近代数学前沿的一座桥梁。因为学好、学透它，抽象思维能力就会大为提高，进而学习点集拓扑等，便不在话下。这样，求知欲旺盛的吴文俊在大学期间，已自学了点集拓扑。于是，就接近了当时正在兴起的代数拓扑，因而一遇名师便很快进入数学发展的前沿。

一时勤奋容易，长期坚持才难能可贵。1940 年，大学毕业的吴文俊，没有很好的机遇，只能暂时去中学任教，断断续续教了四年。教中学，对于一个大学毕业的高才生，自然是游刃有余，但却大材小用；对喜爱钻研数学的有志青年，当然不是一个很好的环境，因为工作不但与近代数学无关，就连在一、二年级学的高等数学也无用武之地。然而，喜爱数学的吴文俊，发现初等数学特别是平面几何，也是引人入胜的一块宝地。一些经典的难题让人百思难解，一旦引出适当的辅助线，巧妙、简捷的证法，又叫人拍案称奇。因此，教学之余吴文俊又以解几何难题自娱。四年多的中学教学，解了不少的几何难题，其中不乏一些经典的名题，如以欧拉、高斯等著名数学家命名的共线点的定理。虽说平面几何属于初等数学，但欧拉、高斯等数学大师都关注并钻研其中的一些问题，并留下他们的功绩，说明平面几何的一些名题有益于锻炼和提高人们的逻辑思维能力。同时，他喜爱数学的兴趣也因此有增无减。几十年后，吴文俊涉足中算史的研究，不久便完成了一项很有意义的工作——**古证复原**。大家都知道我国古代数学也有辉煌的历史，但许多定理的证明、算法的原理，由于传承不善都失传了。要依当时的水平，恢复它的原貌，也非易事。历经数百年，甚至上千年，有不少人加注阐发，但没人能补出证明。说明思路之巧、方法之妙，非同一般。而吴文俊一着手这项工作，即能驾轻就熟、得心应手，顺利地完成这项艰难的工作。我想也得益于在这段时间内，对大量初等数学的深入思考和反复磨炼。

平面几何的问题，虽有利于开发我们的智力，但此题的证法难用于彼题，依数学方法论的观点，毕竟是个不足之处。1996 年，吴文俊陪同陈省身访问贵州，在贵州大学作的首场演讲——谈谈几何定理的机器证明。开场后就生动地讲过去的几何证明，像钓鱼，一竿一鱼；而现在的机器证明，犹如撒网，一网

打尽。由此看来，吴文俊20世纪80年代开始“几何定理的机器证明”，也并非一时心血来潮，而是植根于青年时代对平面几何的长期思考。即得益于他巧妙证法的磨炼，也洞察它不能普遍使用的不足。待有机会、有时间，再来完成这一意义重大且影响深远的课题。

(3)机遇：有兴趣又勤奋，便能打好坚实的基础。但进入科学的前沿，走向成功，还需要良好的机遇。

吴文俊得益于名师的指导，在他为《陈省身文选》所写序中可见一斑。他在序的开头就说：回忆起1946～1947年在中央研究院数学研究所期间，在陈师指导下学习拓扑学的种种经历。其中值得称道的是：

> 我在国外访问期间，曾与国际友人谈起各人的学术经历。我说起我与陈师本不相识，只是在中央研究院数学研究所耽了一年，从陈师学习代数拓扑，从此走上了拓扑的研究道路。闻者大为惊异，拓扑号称难学，一年就在拓扑上做出研究成果，认为不可思议，因而见人就说此事。其实这并不可怪，这正好说明陈师关于提携后进，指导有方所致，如此而已。

陈省身于1930年自南开大学数学系毕业之后，选择了师资与设备都是一流的清华大学。先当了一年助教便攻读研究生，接着又远赴德国汉堡和法国巴黎留学深造。学成归国后任西南联大数学系教授，其中又应邀去美国普林斯顿高级研究所访问，并做出突出成就，直到 1946 年 4 月才回到上海。而吴文俊于 1936 年自交通大学毕业之后，到 1946 年一直留在上海。其间，先后在中学、上海临时大学任教。说起来也是缘分，在这一年回到上海的陈省身，受命代理中央研究院数学所的筹备工作，陈接受这一任命后，要办的第一件事便是广泛地吸收有发展前途的青年人。正在这时，对数学研究情有独钟的吴文俊经亲友的怂恿，意欲投奔名师陈省身。由此演出中国数学史上的一段佳话，这段经历据吴文俊在给《陈省身文集》作序的序中，是这样回忆的：

经过是这样的，陈师是清华大学也是西南联大的教授，而我毕业于上海交通大学数学系。时值抗战，我常年蛰居上海，对外界数学情况颇为茫然，对陈师也一无所闻。1945 年抗战结束，我有暇得以复习旧日所学的数学。与陈师相识，全靠亲友帮助介绍，其时陈师自国外回上海主持中研院数学所，经朋友介绍往见陈师，亲戚并为我打气，说陈先生是学者，只考虑学术，不考虑其他，不妨放胆直言。在一次与陈师晤谈中，我直率提出希望去数学所。陈师

不置可否，但送我出门外时，却说：你的事我放在心上。

过了没有多久，陈师通知我去所工作，从此我便走上了数学研究的道路。

进了数学所之后，还回忆当年的情景：

陈先生亲自为我们讲授拓扑学，从曲面这一具体情形开始。这使我等茅塞顿开。有了这样的几何直观做背景，原来晦涩难懂的一些组合拓扑的基本概念，变得生动易懂，对组合拓扑的学习，从此步入坦途。

（《吴文俊之路》第 34 页）

组合拓扑也就是代数拓扑，是当时正兴起的数学分支，这样，陈省身就把他的学生一下引到数学发展的前沿。不仅亲自授课，还及时督促、鼓励他们大胆地撰写论文，据吴文俊回忆：

陈先生安排我在图书室兼管图书。这对我如鱼入池中，我整天得以泡在书架之间浑然忘我。可是好景不长，一天陈先生忽然对我说，你整天看书看论文已经看得够多了，应该还债。陈先生进而说明，看前人的书是欠了前人的债。有债必须偿还，还债的办法是自己写论文。我只好停下我的博览群书。自己写论文与看别人的论文，是本质上完全不同的两种脑力劳动。在陈先生的督促之下，我终于逼出了一篇论文，是关于球的对称在欧氏空间中的嵌入问题。这是一篇习作，算是我的第一篇论文。陈先生把它送到法国的 Comptes Rendus 上发表，作为对年轻人的一种鼓励。

万事开头难。博览群书，学富五车，只要勤奋和有毅力便不难做到。有些在大学读书时代，是名列前茅的高才生，可是毕业后在学术上并无什么成就，就是缺乏这种督促与训练。如今，在事业上已步入巅峰的吴文俊，对这重大转折仍记忆犹新，足见它对吴文俊走上成功之路的重要性。

陈省身决定吸收吴文俊进入中央研究院数学所，悉心栽培，终成一代大师。完成了当时筹办数学所“得天下英才而育之”的心愿，诚人生之乐事；吴文俊有幸遇到一代名师，促使自己的聪明才智充分地发挥，从一个高峰走向另一个高峰，乃一生之福也。

3. 研究中算，古算新春

自从吴文俊在深奥的代数拓扑中取得巨大成果后，人们都期待着他在数学最高的殿堂中再上一层楼。因为能进入这最抽象的数学领域的人才，不仅在当时寥若晨星，即使在当今也屈指可数。因此，人们翘首以待，望他再摘桂冠，为国人争光，这美好的

愿望和心情是可以理解的。然而，20 多年后，传来的讯息是，吴文俊改行了，研究的是“中算史”和“初等几何的机器证明”，不免有些失望，极为抽象的，像高在云端的代数拓扑，一下跌落在“初等几何……”上，当然觉得有些惋惜，惋惜吴文俊的才华没在数学尖端，继续发出辉煌的光芒。

人们期望的心情是可以理解的，也是值得赞赏的。正像听到陈景润解决了“1＋2”的时候，又盼着他再上一层楼，彻底地攻克那“1＋1”的难关，把万目所瞩的皇冠上的明珠捧到手中，然而，愿望再美好，还要结合我们所处的现实，否则就会落空。因此，吴文俊重开新的研究领域，也与他处的大环境密切相关。

如前所述，1957 年初吴文俊喜获国家自然科学奖一等奖，接着成为中国科学院最年轻的学部委员（院士），达到人生第一个高峰。可是形势不久骤变，首先是那狂风暴雨般的反右斗争，吴文俊虽然没有遭到错划右派的厄运，但右派的遭遇和命运，时时提醒着他和广大知识分子：不紧跟形势也会重蹈那右派可怕的覆辙。接着大跃进，反右，红专大辩论，拔“白旗”……接二连三的政治运动，弄得人人自危，谁还敢闭门读书去走“白专”道路。因此，在这种形势下，吴文俊也和大多数的科研人员一样，到工厂去找“实际问题”，到基层去改造思想，哪有心思去搞那抽象的拓扑问题。理论联系实际是大势所趋，虽然，中间也有理论回潮，但时间不长，后又遭批判。

在这期间，吴文俊的研究方向也在不断地改变着，以顺应多变的政治形势。从反右到“文革”前，吴文俊的研究工作换了四五个方向，以他深厚的功底和出众才智，在新的方向中，虽也写了十余篇论文，但缺乏系统性，也难与他那获奖的拓扑论文相媲美。这也难怪，研究贵在精深，方向多了，精力必然分散。何况，有的方向并非旨趣所在，而是形势所迫，怎能奢望累出大的成果。

“文革”伊始，轰轰烈烈，稍有成就的科学家，都在劫难逃，纷纷沦为反动学术权威，横遭批斗。何况已获大奖的吴文俊，当然是权威，所幸的是只定成资产阶级权威，而未加“反动”二字。可见对他还是另眼相待。1968年领导中国科学院的工宣队宣布解放一批科学家时，吴文俊名列其中。现代的青年可能还不了解这种“解放”的意义。那时的“解放”就是回归到“革命”队伍，不再归属于不许乱说乱动、随时听候批斗的异类分子。因而也意味着可以重返自己的书斋，重拾旧业，回到自己热爱的数学研究工作中去。

庆幸解放之余，吴文俊回顾了十余年的研究方向多变的弊端，经过深思熟虑，先把研究方向集中在“中算史”上，这一方向既可发挥自己在古汉语上曾下过的功夫和精通外语的优势。其次作为数学家，往往对数学发展的历史也很有兴趣。过去我们常为祖国是四大文明古国而自豪，那么，数学在古代辉煌的成就，也应是古代文明重要的标志。因此发掘古代数学成就所蕴涵的数学思想，并将它发扬光大，自然会激发人们的爱国主义的情怀。“文革”尚未结束，形势发展难以预料的时候，至少不致再受责难和批判。因此，这无疑是一稳妥、明智的选择。

吴文俊以他广博的知识、数学上的深厚功底和对数学思想深刻的理解，很快便在中国古代数学成就中，发掘出一些前人所未见的、影响深远的**数学机械化思想**，并把它提升为世界发展的主流。

我们都知道，欧几里德的《原本》是数学史上一座光芒四射的里程碑。他第一次将前人积累的几何知识系统化、严密化，开创了公理化的先河。《原本》问世后，一千多年来被奉为经典，后人又将以平行线唯一性为特征的这种几何称之为欧几里德几何。以纪念创建《原本》的功勋。之后，对平行公理是否独立的深入探索，催生出令世人颇感惊奇的非欧几何。后来，为克服罗素悖论中所出现的自相矛盾，又诞生了公理化集合论。概率论诞生和广泛应用之后，为使它成严密的理论体系，苏联数学家柯尔莫哥洛夫（A. H. Колмогоров，1903～1987）又建立了概率论的公理化体系……因此，公理化的思想和方法在数学发展中所起的深远影响是举世公认的。

正是上述这些深远影响，在数学史上都把公理化思想作为数学发展的主流加以讴歌，而误以为中国古代数学的成就远离这一主流，我国有些学者也自叹祖国古代数学因偏重实用，而未在理论上有重大的建树，并惋惜几何公理化没有诞生在文明悠久的华夏大地。只有吴文俊独具慧眼，发现祖国古代许多成就中所蕴涵的机械化思想，也是影响数学发展的主流。下面转引他的精辟见解如下：

> ……在数学发展的历程中，存在着两种思想体系，一是公理化思想，从古希腊欧几里德系统发展下来的；另一是数学机械化思想，发源于中国，影响到印度数学，再影响到世界数学的发展进步。两种思想对数学的发展进步都作出了重大贡献，理应兼收并蓄。《原本》是公理化思想的代表作，《九章算术》及《九章注》汇集了东方数学的精髓及其大成，是机械化算法体系的传世之作。

（《吴文俊之路》第 97 页）

吴文俊还以解析几何、微积分的产生过程为例，来说明它们是机械化思想的产物，而非公理化之例。

“机械化”是吴文俊的首创，在数学史中发掘出机械化思想源于中国，并是世界数学发展的两大主流之一，也是吴文俊在数学史研究中的重大贡献。

在此基础上，吴文俊又提出了一个新的观

点——中算西传。

既然机械化思想源于中国，又是数学发展的一大主流。因此，机械化思想的成果，必然对数学的发展也会产生有益的影响。事实上，与《原本》相辉映的《九章算术》至今已有两千多年的历史，刘徽的《九章算术注》也已流传了一千多年，这些成就远早于西方，正如水的流动是从高处往低处流。吴文俊认为：16 世纪以前，中国数学的水平高于西方，因此，那个时候西方的数学可能是从中国传过去的。为此吴文俊提出了证实它的两条途径。

(1)花剌子模著作的本源有待考证

阿拉伯最早的代数学，即花剌子模著作，其本源有待考证。吴文俊指出：花剌子模本人曾出使西突厥可萨国多年。该国位于古丝绸之路北端的商业要冲，通中国语，且其朝廷亦沿用中国礼仪。外国有的数学史专家认为：花剌子模的著作与希腊无关，因此，若非阿拉伯独立的创造，则必然源于中国。再从著述风格看，又有相近之处。吴文俊认为：这段历史有待考证。

(2)“祖暅原理”与等价的“卡瓦列里原理”有无传承关系

正如在祖冲之篇中所述，祖暅原理是：

幂势既同，则积不容异。

祖暅是祖冲之(429～500)的儿子，而与之等价的原理在西方由卡瓦列里(B. Cavalieri;1598～1647,意大利数学家)于 1635 年才提出,晚了一千多年。吴文俊认为:“可以怀疑甚至相信,它是经阿拉伯世界传到西方的,但无确证,也有待今后考证。”吴文俊确信中算西传,只因年迈,不能亲身沿着丝绸之路去搜集、披阅古代的文献,发现、寻找有关的物证,以证实中国古代辉煌的数学成就曾传到西方,并促进了西方数学的发展。信念之足,愿望之强。历经 20 多年,在他荣获首届“国家最高科学技术奖”后,立即从奖金中拨出专款,设立了“数学与天文丝路基金”,目的就是用以支持、鼓励青年数学史研究者,去研究和证实他首次提出的“中算西传”。

除了数学发展的主流、中算西传这两大创见,吴文俊在数学史的研究中,还有一项值得称道的工作是**古证复原**。由于古代数学表述过于简略,再加上有些著述失传,我们现在见到的多是一些公式和结论。至于怎么来的,因缺乏依据,不得而知。吴文俊根据当时的数学知识给《海岛算经》的 9 个较为复杂的公式和秦九韶的面积公式,都补出了符合当时数学水平的证明,填补了数学史中的一大空白。此外,又从古代数学成就中总结出《出入相补原理》、《刘徽原理》等普遍适用的规律,因而提升了这些成果的理论高度。

总之,吴文俊转入数学史的研究后,硕果累累,创见频传,因而成了数学史研究中的领军人物,为他

自己或他人的数学史专著作序的就有

《九章算术与刘徽》序

《〈九章算术〉注释》序

《秦九韶与〈数书九章〉》序

《郭书春汇校〈九章算术〉》序

《〈九章算术〉及其刘徽研究》序

……

在这些序中，多次阐发他在数学史研究中独到的见解。

4. 机证新路，传世伟业

学过平面几何的人，都有这样的体会：它的许多定理都很简明、易懂。有时还很精妙，美不胜收，让人拍案称奇。如三角形的九点圆既与内切圆相切又与三个旁切圆外切。这一结果被称为费尔巴赫(Feuerback)定理。几何定理的发现不易，证明有时更难。常需引一条适当的辅助线，一旦找到所需的这条辅助线，简捷之法便脱胎而生。题设与结论之间的内在联系，也因辅助线的媒介而一目了然。回头再看，还会对那辅助线的巧妙，赞赏不已！可是，如果没找到这条起关键作用的辅助线，就会陷入一筹莫展的泥坑，久思无功，难以自拔。

如前所述，吴文俊未成大业之前，曾在中学执教数学，因教学的需要也钻研过初等数学。尤对平面几何的难题情有独钟。给出过不少巧妙的证法。不愧是证题高手。然题异法殊，难以统一驾驭，总是美中不足。因此，那时就可能萌生寻求普遍证法之念，只因不久就投身于高深的拓扑领域之中，而无暇顾及。如今，涉足于中算史的研究，发现机械化的思想，在我国古代数学成就中，熠熠生辉，从而受到启发。吴文俊自己多次说过如下的话：

> 应该着重指出：我们从事机械化定理证明工作，获得成果之前，对泰斯基的已有工作并无接触，更没有想到希尔伯特的《几何基础》会与机械化有任何关系。我们是在中国古代数学的启发之下提出问题并想出解决办法的。
>
> （《吴文俊文集》第286页）

这里需要说明一下：泰斯基（Tarski）1948年曾证明了：初等几何（以及初等代数）的定理可以机械化。但方法与设想都不是切实可行的。吴文俊独立证明了这一判定问题，且在计算机上实现；吴文俊在机器证明取得成功之后，又在希尔伯特的经典名著《几何基础》中，发现了一条真正的机械化定理：**初等几何中只涉及从属于平行关系的定理证明可以机械化**。因此，吴文俊又估计：也许希尔伯特本人也并没有对这一定理的机械化意义有明确的认识。正所谓仁者

见仁,智者见智吧!

> 我国古代机械化与代数化的光辉思想和伟大成就是无法磨灭的。作者本人关于数学机械化的研究工作,就是在这些思想与成就的启发之下的产物,它是我国自《九章算术》以迄宋元时期数学的直接继承。
>
> (《吴文俊文集》第287页)

> 本书所阐述的几何定理证明的机械化问题,从思维到方法,至少在宋元时代就有蛛丝马迹可循,虽然这是极其原始的,但是,仅就著者本人而言,主要是受中国古代数学的启发。
>
> (《几何定理机器证明的基本原理(初等几何部分)》导言)

> 中国古代创造了方程术,增乘开方法等构造性的方法,它的数学基本上是构造型的。作者从事几何机器证明的研究,就是在中国古代数学的启发下提出问题并想出解决办法的,继承中国的数学遗产的远景相当开阔,有待后人做长时间的努力。
>
> (《吴文俊文集》第345页)

吴文俊反复强调:他的机器证明是继承了我国古代数学中的机械化思想和方法。由此可见,吴文俊先致力于中算史的研究,后投身于几何定理的机器证明,是一脉相承的。这也体现出吴文俊的爱国主义情怀!竭力发扬我国古代数学成就蕴涵的精髓——

机械化思想。然而从内容上看，机器证明也与笛卡尔创立的解析几何有着紧密的联系，因为笛卡尔原本也是想找出证明几何定理的普遍方法。虽未完全达到目的，却向前迈出了重要且关键的一步——通过坐标把几何定理转化成代数中的算式。算式因有运算去化简，就不像单靠逻辑推理有时会陷入无从下手的困境，因而收到了化难为易的功效。虽未像机器证明那样达到目标，但却为机器证明奠定了必要的基础。事实上，机器证明的第一步，就是借助坐标将几何定理中已知与求证表为相应的代数关系式。然而这些代数式也五花八门、杂乱无章。因此，化简之法也随题而异。虽不比逻辑推理的差异之大，但也不合机器证明的要求。为此，还需对解析几何的方法加以改造，使之机械化。

机械化就是要给出规范的程式，按部就班地达到预定的目标。为此，在一开始，把几何关系转化成坐标间的算式时，吴文俊就提出，转化的算式皆表为多项式，这样才便于计算机去处理。因此，两点距离公式带有根号，不合这一要求，就应利用平方消去根式；又如表示方向的斜率是分式，故平行关系便是二分式相等，这也不是多项式关系。于是，把分母为零的情况包括进去，便可将它化为整式。这样就便于交给计算机处理。

单把几何定理的条件和结论转化成代数上的多

项式关系，倘若化简过程不能程式化，也无法达到机器证明的目标。对此，吴文俊又将题目涉及的坐标分为两类：一是参数——独立坐标；二是束数——随参数而定的坐标（束，受约束之意）。并将题设转化的多项式再“三角化”。如束数为 x_1, x_2, x_3，即应把题设的方程化为

$$f_1(x_1)=0$$

$$f_2(x_1, x_2)=0$$

$$f_3(x_1, x_2, x_3)=0$$

然后，先用 f_3 去除结论相应的多项式，接着，又用 f_2 去除余式，最后再用 f_1，去除后一余式。

若在除的过程中，有一余式为零，就表明结论为真，否则为假。

上述“三角化”和多项式相除，都可交计算机去做。这样，就完成了几何定理的机器证法。

在国外，这一机器证法被冠以“吴方法”而广为流传。国外有人用此法证明了 600 多条定理。吴文俊对机器证明的贡献，不仅提出具体可行的方法，还以他广博、深厚的数学造诣，解决了机器证明中的许多理论性的问题。他 1976 年才着手几何定理机械化的研究，次年便旗开得胜，证明了：在不涉及到“之间”关系的情况下，初等几何的定理可以机械化。与前人的工作相比，吴文俊的证明用的是完全不同的原理，其特点是简明、可行。对不算太繁的定理，仅

用手算也可完成机械化的证明。而国外以前的证法极其繁复，即便使用计算机，实际上也是难以实现的。正因为吴文俊创建的机械化的原理有此优越性，因此，又被称为“吴原理”。

完成了初等几何定理的机械化证明。吴文俊又马不停蹄，于次年(1978年)，把定理机械化的范围扩大到微分几何，接着吴文俊又考察了射影几何和两种非欧几何(罗巴切夫斯基几何、黎曼几何)等多种几何，证明了类似的机械化定理。

是否所有几何都可以机械化，吴文俊的看法是否定的，他推测笛沙格(Desargues)几何不能机械化，但尚未证明。

至于数学其他分支，哪些能机械化，哪些不能？能机械化的，又如何去实现它们的机器证明，都有待于数学家去继续探讨。因此看来，吴文俊开创的机器证明，还有广阔发展的远景，其功绩不可估量。

吴文俊在机器证明取得巨大成功，除了过人的才智，还有惊人的勤奋，据报道：

> 在从事机器证明的初期，没有计算机可以使用，为了检验其方法的有效性，他对上千项的多项式进行笔算，常常持续多日。在80年代初期，他的工作日程经常是这样安排的：清早他来到计算机机房，八九个小时不间断地工作，下午5时许步行回家进

餐，还要整理分析计算结果；傍晚7时左右又出现在机房工作，深夜步行回家；第二天清晨又出现在机房内。

（《中国数学会通讯》2001年第1期第2页）

“只要功夫深，铁杵磨成针”，有这般惊人的勤奋，能成就伟业不足为怪了。

5. 学高品优，后辈楷模

吴文俊以一位在拓扑学获得巨大成就的专家身份，转而研究中算史，并提出许多新见解。如果修养不够，就会在数学史界，傲视众生或目中无人。可是吴文俊虚怀若谷，谦恭待人。在他的讲话和著述中，对逝去的前辈如李俨、钱宝琮等，都推崇备至、深表敬意；对同辈学长，如健在的严敦杰等，又赞赏有加。多次引用他的观点和资料；对同辈、后生又常怀友爱之心，加以提携，以他的成就和声望，欣然为一些数学史的著述写序作评，意在肯定。故收推荐之效，因而起着鼓励与帮助的作用。

提起写序和作评，因吴文俊的成就是多方面的，因而写序作评就远不止数学史界。但笔者孤陋寡闻，无从谈起。只是1999年9月笔者的一篇短文发表在西北工业大学主办的《高等数学研究》（第2卷第3期）上，收到增刊，打开一阅，赫然入目的首篇，

便是吴文俊的大作"龚昇教授《简明微积分》读后感"。此文很受编者的赏识，故特加一编者按。称此文

> 作者以十分通俗、简明的文字，纵论古今，勾画了一幅微积分三百年发展的恢宏画卷，令人耳目一新，兴趣盎然。

除了纵论微分的发展之外，此文在开首和末尾，都对龚昇在《简明微积分》中的创见和特色，大加推崇。因言简意赅，故转引如下。开篇就讲：

> ……该书以 Newton-Leibniz 关于微积分的基本定理及其高维情形的相应 Stokes 定理为核心贯穿全书。观点新颖而深入，在浩如烟海的微积分教材中可谓独树一帜，该书长期以来在中国科技大学作为教本，取得巨大成功。

末尾又说：

> 龚昇教授以其锐敏的目光指出了微积分的核心是单变量的 Newton-Leibniz 微积分基本定理以及多变量的 Stokes 公式，可谓切中要害(笔者注：吴文俊在文中专用一行说：认识这一点并非易事，接着又说：Stokes 定理的真正意义，似乎并未为许多数学史家与数学家们所认识，并举国外一名著为例)，并使高等院校的初学者得以轻松地登堂入

室，龚昇教授的《简明微积分》一书，将在汗牛充栋的微积分教程中，占有特殊地位，值此《简明微积分》即将四版之际，谨志数语，以表本人对龚昇教授的敬意。

文中较高的赞语："在浩如烟海的微积分教材中可谓独树一帜"。"在汗牛充栋的微积分教程中，占有特殊地位"。或许有人以为这是溢美之辞。其实，了解龚昇学术水平的人，再细观吴文俊的读后感，就会知道这"独树一帜"和"特殊地位"实有所指。因为多元函数的斯托克斯(Stokes)公式与一元函数的牛顿—莱布尼兹公式，过去都把它们孤立地看、孤立地讲，好像风马牛不相及，而龚昇发现并强调了它们紧密的联系，使它们成为统一的整体。显示出微积分中和谐的数学之美。因此，就能帮助学习微积分的人去深入理解和透彻掌握微积分理论的完整体系。

龚昇教授早有名气。1956 年向科学进军的号角声中，龚昇就是一位突出的年轻数学家。记得《中国青年》杂志，那时就有专访记者，加以报道，作为鼓励青年钻研科学的榜样。他与王元院士、谷超豪院士等都是当时数学界杰出的青年才俊。成绩斐然。遗憾的是他未能入选院士。改革开放后，科学院增选院士的条例是必须基层单位申报或有两位院士联名推荐，方能进入候选的行列。据说，王元曾对友人讲：他每年都把推荐的两个名额留给龚昇、陆汝钤

(1999 年当选院士)。这意味着王元认为这两位同志早已达到院士水平。吴文俊在上述读后感的末尾一句是"谨致数语,以表本人对龚昇教授的敬意"。这一方面说明数学大师谦恭、友爱的态度。另一方面,也从中看出龚昇的学术和人品,值得人们学习和称赞。院士与否毕竟是身外之物。收到闻名遐迩的大数学家的赞赏和友爱。我想龚昇教授一定会备感欣慰。

吴文俊不仅对熟识的、有过交往的专家学者,在需要的时候给予友好的帮助和强有力的支持。而且对一般教师也常给予鼓励,加以提携。下面介绍一件发生在贵州的事。

1995 年,我怀着崇敬之情,给当时还在美国定居的陈省身写信,请他在每年回国指导南开数学所工作时,顺访贵州。陈省身大师为我诚意所动,俯允次年(1996 年)5 月访问贵州一周。因吴文俊是省身的高足,所以又邀请吴文俊夫妇也到贵州讲学。吴文俊看到省身俯允的信件,便愉快地应允,我知道这是吴文俊重师之情才欣然应允。

正是这次访问,才有幸与名流相识。时过一年,我省某高校一位专攻数学史的资深教师,因申报职称,把即将发表的论文交给我,托我请吴文俊指教,写几句评语。我趁给吴文俊寄《访黔专刊》之便,附上论文并说明用意。很快便收到回函,现摘引有关

一段：

……论文我匆匆翻阅，写得很是出色，
我很高兴，对于中国传统数学的某些看法，
已能逐渐取得某种共识。

当时，该教师的论文，编辑部已回函采用。虽很快就要问世，但评审职称有一条规定：送审论文必须是公开发表的。可是吴文俊名气大，声望高。见到吴文俊的评语便打破必先公开发表的惯例。表决时也一致通过。这也是吴文俊关心、帮助边远地区教育事业所做的一件善事。

吴文俊有一个美满、幸福的家，夫人陈丕和女士，原在上海电信部门工作。1953 年与吴文俊结婚后，一边工作，一边操持家务，相夫教子，是吴文俊的贤内助，1996 年随夫访问贵州时，给人的印象是温文尔雅，和蔼可亲。在贵州她和陈省身的夫人郑士宁常在一起，像一对亲姊妹。只是一次游览贵州山水时，她主动友好地告诉我，在吴文俊 77 岁生日时，接到我的一封贺信，信上附了一首小诗，蒙他们不弃，还复印数张传阅，增添节日气氛。其实我并不会写诗，只因要为吴文俊访黔写点介绍，才看到吴文俊的有关资料。写信时恰逢生日即将到来，正好 77 岁与七月七日（牛郎与织女相会之日）碰在一起，便以双巧为题，胡诌四句，早已忘记，依稀记得有一句"吴示性类盖世功"，流露出我对他荣获首届国家自然科学一等奖的崇敬之心。

1996 年吴文俊访黔期间，在一次座谈会的休息间隙，蒙他惠赠一本《吴文俊文集》，多次拜读之后，才使笔者对他的机械化思想与机器证明有了深入的理解，对此，特向吴文俊致以深切的谢意。数学所的陆汝钤院士得知我要写吴文俊的介绍，又专寄一册《吴文俊之路》，在此也一并致谢。

吴文俊(左)访黔时向本书作者赠《吴文俊文集》

(李小雪　摄)

独创两个千年世界纪录的数学家——祖冲之

祖冲之，字文远。公元429年（刘宋文帝元嘉六年）生，500年（南齐东昏侯永元二年）卒。在数学、天文学和机械三方面都有突出的成就。尤以在数学上算出的圆周率（$3.1415926<\pi<3.1415927$）和发现的密率（$\frac{355}{113}$），均领先世界水平一千多年。

1. 童谣激趣，创大明新历

古时流传的一首儿歌

初一看不见，
初二一条线。
初三初四镰刀月，
初七初八月半边。
一天更比一天胖，
直到十五月团圆。
十七、十八月迟出，
廿半夜见半月。
一天更比一天瘦，
廿九、三十月难见。

幼年的祖冲之，一听便极感兴趣。不仅一下就背熟了这首有关月亮的儿歌，而且待到初八、初九的半夜，还爬起来，悄悄地跑到外面，仰望天空，看看那月亮是否真剩下半个？

半个月亮果然在天上慢慢升高。

那顺口的歌诀，果然不假！这又引起小祖冲之的好奇心：为什么月亮这几天圆了，那几天又弯了？

祖冲之的原籍虽在北方，但几代祖先却在南方为官。因此，父亲原想让他苦读经书，以便走上仕途。但一家几代曾研究过历法，祖父掌管过土木建筑，因此懂得当时的一些科技知识。祖冲之自幼喜欢观察天象，也与家庭的环境有关。因为饱学的祖父乃是最好的老师，一有疑惑，便去找慈祥的爷爷。

有一天与他爷爷在一起的时候，便仰起头问："爷爷，为什么每月十五月亮一定就是圆的呢？"

爷爷看着稚气的小孙儿，耐心地跟他解释：月亮运行有它运行的规律，它并不知道哪天是初一，哪天是十五。它是按自己的圆缺的规律，不断地周而复始。于是我们的历法就是按月相（月的变化状态）来排定日子。把月缺定为初一，月圆定为十五，循环一次，大约 29 天半。因此，月大 30 天，月小 29 天。因为周期并不是刚刚 29 天半，所以，又以闰月来加以调整。

虽然，这答非所问，并没讲出为什么月圆月缺的道理。事实上，那时哥白尼尚未诞生，全世界都以为地球是宇宙的中心。因此，那个时代谁也讲不清月圆月缺的道理，但却道出了月圆、月缺的变化是本，历法只是月相变化规律的反映。因此，制定准确的历法，关键就在于我们观测的月相是否准确。

这对小祖冲之来说，也是极大的收获。分清了本源，对观察就更感兴趣，也坚定了日后继续观察、探究日月星辰运行规律的决心。数十年如一日的努力，使他制定出更加精确的大明历。

对月缺月圆的规律，已娴熟于心。爱追根问底，欲穷究自然奥妙的祖冲之，心中仍不时泛起："月亮为什么时圆时缺"的疑惑。当爷爷已无法解答小孙儿的疑问时，便引导他读一些天文学的典籍，如汉朝天文学家张衡的著述《临宪》等。又带小孙儿去拜访当时颇有名气的天文学家何承先。何承先当时已七十多岁，满头银发，但精力旺盛，见十来岁的祖冲之想学天文，便把他拉到身边，亲切地对他说："天文这东西，深入钻研很辛苦，既不能靠它升官，又不能靠它发财，你为什么要学?"祖冲之回答说："我不想升官发财，只想弄清天地的奥妙。"后生可畏，何承先见祖冲之有这般志向，甚是高兴。不但经常给他讲解许多天文知识，还领他到自己的后院，观看他自制的土圭。所谓土圭，就是在平坦的地面上，垂直立一根木杆，依其影子的长短和方位，测出太阳在天上的位置。因此，一天时间的变化，一年季节的交替，也都可以从影子的方位和长短，加以确定……

爷爷的启蒙，何承先的引导，给祖冲之奠定了扎实的天文知识基础。因此，何承先与爷爷相继去世之后，二十五岁的祖冲之，不仅能独立观察天象，还逐渐发现旧历法中有三个重大错误。于是仔细订正，制出以年代命名的大明历法。此历最大的创新，是引入了"岁差"，被认为是开辟了历法的新纪元。

优秀的童谣，不仅是青少年的精神食粮，激发他们对科学的浓厚兴趣，甚至成就一项伟业；而且也为人们增加了知识，少犯常识性的错误。下面，我们介绍一幅惹人喜爱的漫画。

丰子恺的漫画，独具一格。几十年前笔者就非常喜爱，把零星见报的都一一剪下来、汇集在一起，时时翻阅，像陈年的美酒，再看仍意味深长。有的是按某句古诗词之意画就的，让你从画里感受到的意境比诗还浓，也更深远。这里附的一幅："人散后，一

钩新月天如水。”更是经典的代表。临窗的小几上，孤零零的一只茶壶，三个小杯，高高的卷帘处，一轮弯弯的明月，无声地透射出诗情画意。

然而，稍有天文知识者便知，新月者，上弦月也。正是“初七、初八镰刀月”。而画面上，却是后半夜里的下弦月。它们弯向正好相反，一般人常疏于它们这一差异，出错也不稀奇。何况这幅优美的画，人们都被它的意境所征服，谁还管那月是上弦、下弦！即使熟悉天文的人，一眼看出这一失误，也是瑕不掩瑜。

这里只是想说，即使舞文弄墨，如果知道这首儿歌，那易记的“镰刀月”，便不会出现常识性的错误，因为镰刀给人的视觉是向下弯的。

2. 创世界纪录，保千年领先

祖冲之在科学上最大贡献，乃是圆周率（π）的计算。π 是个无理数，不能用分数或有限位小数表示，只能逐步得出较好的近似值。因此，π 的计算，是古代中外数学家都在研究的一个重要问题。

我国古时候，为制圆形器具，最初都是“径一周三”，即 $\pi\approx3$，后经不断的改进，直到三国时代的刘徽，在注释《九章算术》时，介绍了他开创的割圆术：用圆内接正多边形的面积，去近似表示圆的面积。他说：“割之弥细，所失弥少。割之又割，以至于不可割，则与圆合体而无所失矣。”即正多边形边数愈大，与圆相差愈小。他创建的这一理论，开辟了中国计算圆周率的新纪元。并用此法，从正六边形开始，一直算到圆内接正 192 边形，得出

$$\pi\approx3.14\text{，化为分数 }3.14=\frac{157}{50}$$

不妨称之为徽率。

当时，理论水平不高，计算工具又简陋的条件下，把精确度再提高一位小数，就是巨大的进步。而祖冲之的卓越贡献在于：一下就把圆周率的精确度竟提高到七位小数。《隋书・律历志》记载着祖冲之算出的结果是

$$3.1415926<\pi<3.1415927$$

他创造的这一世界纪录，保持一千多年的领先地位。直到 1427 年才由中亚细亚的阿尔・卡希首先超过。

如果沿用刘徽的割圆术，要得出这一结果，需要算至圆内接正 24576 边形。在一个直径为一丈的圆周上，即使用细细的针尖，也难画出这样的正多边形。当然，画图是不必的，因为计算靠的是边的加倍公式。而在当时，仅用算筹（小竹棍）进行这么浩繁的计算，需要多么大的毅力和非凡的计算能力。难

怪保持世界先进水平长达一千多年！

祖冲之究竟用的是哪种高超的计算技巧，才完成了这难以想象的、庞大又繁复的计算？可能是祖冲之父子创建的《缀术》，使计算得以大大的简化。因为它是唐初“十部算经”之一。当时，规定各算书的学习年限，以《缀术》最长（4年），其博大精深，也由此可以想象。只因“学官莫能究其深奥，是故废而不理”。后来竟至失传，这真是我国数学史上，让人备感痛惜的巨大损失。不然的话，依算出的圆周率这么准确，必有巧妙的快速算法，更有高超的计算技巧。因此，若能流传至今，很可能就是一部计算数学的开山之作。

至于《缀术》究竟是怎样的神奇之术，如今已是难解之谜。古人有以书殉葬之礼，据报道，前几年还曾从一古墓中，发现孙武兵法之竹简。倘若有朝一日，从隋唐时代某数学家的墓中，发现这本珍贵的《缀术》，实乃祖国数学之幸也。

3. 精妙的祖率，也是千年纪录

如今都知道，圆周率不但是无理数，而且还是一个超越数。但在古代，不仅超越数的概念尚未出现，就连无理数也知之不多，熟悉的是整数、小数和分数。而一般有限小数实为分数，如上面提到的徽率

$$3.14=\frac{314}{100}=\frac{157}{50}$$

而分数化为小数，常有除不尽的时候，如

$$\frac{1}{3}=0.333\cdots,\quad \frac{1}{7}=0.142857142857142857\cdots$$

现在有循环小数的记法，则可简记为

$$\frac{1}{3}=0.\dot{3},\quad \frac{1}{7}=0.\dot{1}4285\dot{7}$$

古代没有这简明的记法，就尽量避免这无穷无尽的表示。因此，觉得还是分数形式好。

另一方面，古代表示小数，实际上就是以十进位逐层细分若干小单位。如《隋书·律历志》所记载的祖冲之算出的结果是：

以圆的直径为一丈

圆周盈数三丈一尺四寸一分五厘二秒七忽(3.1415927)

朒数三丈一尺四寸一分五厘二秒六忽(3.1415926)

正数在盈朒二限之间

(盈：多余；朒：不足。再与直径一比，即得上段圆周率夹于二近似数之间。)

这样表述，多么蹩脚。记起来费事，用起来不便。因此，寻求一个简单的分数来表示这重要又常用的圆周率，就显得很有必要；再说，当数学发展还没认识到圆周率是无理数的时候，也不排除圆周率可能是个分数，只是我们尚未认识其真面目。现在，祖冲之

已算出这么好的近似值，圆周率的真值或很接近它的分数，也只能隐藏在这狭小的间隔之中。

在计算圆周率中已大显才华的祖冲之，不愧为杰出的计算大师。不久便找到这个欲寻的分数。还是《隋书·律历志》为我们记载着这一重大发现

密率：圆径一百一十三，圆周三百五十五。

圆周与圆径之比，便是祖冲之为我们求出的圆周率：$\frac{355}{113}$，求得的这个分数还精妙至极

精在 $\frac{355}{113}=3.1415929\cdots$，有 6 位准确的小数；

妙在 分母、分子连排后：113355，十分简单，又很有规律。

精确性，是计算圆周率的首要目标，也是努力的方向，志在必得。下面将会介绍，在更大范围内，这是一个最佳的结果。

妙的形式，是可遇而不可求的。因为倘若误差很大，再美妙的形式也因无用而没存在的价值。如今，祖冲之寻得的这个密率，一举两得：既准确性高，又幸遇美妙的形式，便于我们记忆。

因圆的面积、周长，球的体积、表面积计算都离不开圆周率，因此，全世界各国各民族都有许多数学家去计算圆周率。算出之后，也想为它找一适当的分数。可是，自祖冲之找到这个精妙的分数之后，过了一千多年，才由德国数学家奥托(V. Otto，约 1550～

1605)于 1573 年得到这一分数。此外,荷兰数学家安抚尼兹(A. Anthonisz,约 1527～1602)也独立地发现了这个数。但是,迟至 1625 年,才由他儿子将这一成果公诸于世。

由此可见:祖冲之发现的这一密率,也是领先了一千多年的世界纪录。不仅我国人民引以为豪,国外许多数学史家也十分推崇。赞赏之余,有的(如日本的数学史家三上义夫)还建议:

$$\text{称}\frac{355}{113}\text{为祖率}$$

以纪念祖冲之为数学作出的这一重大贡献。

4. 祖率来由,姑妄言之

祖率是我们古代数学的一座高峰,来之不易。因此常有人问:这么简明的祖率,到底是怎么发现的?由于凝结祖冲之毕生心血的《缀术》不幸失传,祖率的来源也成了一个难解之谜。不过,依数学的原理与知识,去探索一下它可能出现的源头。即使不是原来的算法,也有利于我们知其所以然而加深认识。下面介绍两种算法:

(1)连分数法

华罗庚于 1962 年,为参加数学竞赛的高中生,写了两本深入浅出的科普读物。其中一本是《从祖冲之的圆周率谈起》,在这本书里,华罗庚用辗转相除

法，将祖冲之算出的 $\pi=3.14159265$，展成连分数，然后取前四项，便得祖率。

这里，我们用更简单的分数颠倒法，将 π 的近似值 3.1415926 展成连分数：

$$\because \quad 3.1415926=3+\frac{1415926}{10000000},$$

$$而\frac{10000000}{1415926}=7+\frac{88518}{1415926}$$

$$\therefore \quad 3.1415926=3+\cfrac{1}{7+\cfrac{88518}{1415926}}$$

$$又\because \quad \frac{1415926}{88518}=15+\frac{88156}{88518}$$

$$\therefore \quad 3.1415926=3+\cfrac{1}{7+\cfrac{1}{15+\cfrac{88156}{88518}}}$$

$$同理 \quad \frac{88518}{88156}=1+\frac{362}{88518}$$

$$\therefore \quad 3.1415926=3+\cfrac{1}{7+\cfrac{1}{15+\cfrac{1}{1+\cfrac{362}{88156}}}}$$

这个求连分数的过程，还可以继续下去。但四次便可求得欲算的祖率，因为 3.1415926 的各渐近分数如下：

$\pi\approx 3$ ［径一周三，《周髀算经》］

$\pi\approx 3+\frac{1}{7}=\frac{22}{7}$ ［约率，何承先］

$$\pi \approx 3+\cfrac{1}{7+\cfrac{1}{15}}=\frac{333}{106}$$

$$\pi \approx 3+\cfrac{1}{7+\cfrac{1}{15+1}}=\frac{355}{113}$$ ［密率，祖冲之］

从这一过程又可以看出，祖冲之为什么只选其中两项

约率 $\frac{22}{7}$；　　密率 $\frac{355}{113}$

原因是：在计算出 $\frac{22}{7}$ 时，舍弃的是 $\frac{88156}{1415926} \approx 0.062$，因而在分母为一位数时，这是一个最好的近似值；

在计算出 $\frac{355}{113}$ 时，舍弃的是 $\frac{362}{88518} \approx 0.00410$，因而在分母为三位数时，它是一个最好的近似值；

在计算出 $\frac{333}{106}$ 时，舍弃的是 $\frac{88156}{88518} \approx 1$，故相应的误差较大，不过作为渐近数，它比分母取邻近的104、105、107、108算出的值倒是更接近于 π。

若用更精密的圆周率去展连分数，华罗庚在《从祖冲之的圆周率谈起》中指出，下一个较好的渐近分数是 $\frac{103993}{33102}$。既不容易记，也不便于应用。

2003年，张景中院士在他新著《数学家的眼光》（中国少年儿童出版社）一书中，专写了一节“了不起的密率”，用估算误差的基本方法证明了：比 $\frac{113}{355}$ 更

接近 π 的分数，其分母必大于 16586；同时，找出：比 $\frac{113}{355}$ 更接近 π 的分数是

$$\frac{52163}{16604}=3.141592387$$

精确性稍强一点点，但分母却大了上百倍，既不好记也不好用。

由此可见，一千多年前，祖冲之算出的密率，就是在精、妙兼顾之下，用分数表示的最佳选择。

(2)尝试法

从现有的史料看，祖冲之所处的时代，没有见到任何有关连分数的记载。华罗庚也丝毫没有说祖冲之用过连分数，只是借助连分数从疏率、密率引申出“用有理数最佳逼近实数”这一普遍而深刻的问题，因为“逼近”是近代数学的一个重要思想。

那么，仅用当时局限于初等代数的知识，能否找出这个最佳分数？我想，只要肯下功夫，逐个尝试、锲而不舍，也会找到这个数。从祖冲之用割圆术去算那么精密的盈、朒二近似值，就可看出他那过人的毅力和熟练而高超的计算技能。何况，在类似的计算中，还可发现省时、省力的算法。

(ⅰ)先看疏率$\left(\frac{22}{7}\right)$的找法

目标：找一个简单的分数，较为准确地表示出已算出的近似值 $\pi\approx3.1416$。

尝试：简单的分数$\frac{p}{q}$，莫过于分母为一位整数者。

分母为一位整数者，范围有限，可逐个去比较，它们与 3.14 的误差。然后，择优选出最佳分数。这便是尝试法。

当分母取定一位数后，为不盲目地试算各个分子，先看一下分子、分母之间的关系：

因选好的分数$\frac{p}{q}\approx\pi$，故 $p\approx q\pi$，在求疏率的过程中，π 一直取 3.1416；

又因 p 是整数，$q\pi$ 带着小数；

故依四舍五入，对 $q\pi$ 取整而得的 p，才是最接近 $q\pi$ 的整数。这时 $|p-q\pi|<\frac{1}{2}$，依此，分母依次取 1、2、3、…、9，比较$\left|\pi-\frac{p}{q}\right|$。

表 1

分母 q	$q\pi$	p	$\left\|\pi-\frac{p}{q}\right\|$
1	3.1416	3	0.1416
2	6.2832	6	0.1416
3	9.4248	9	0.1416
4	12.5664	13	0.1084
5	15.7080	16	0.0584
6	18.8496	19	0.0251
7	21.9912	22	0.0013
8	25.1328	25	0.0166
9	28.2744	28	0.0305

尝试的结果表明：只有$\frac{22}{7}$与 3.1416 精确到两位小数，这正是祖冲之称之为疏率、而由他天文学老师何承先发现的最佳分数。

不仅是分母是一位数时，$\frac{22}{7}$与 3.1416 的误差最小，即使是范围扩大到一些分母为两位数者，疏率也是最佳选择。这里我们就不再重复这些枯燥的验算。

（ⅱ）再看密率$\left(\frac{355}{113}\right)$的找法

目标：找一个分数$\left(\frac{p}{q}\right)$，更精确地表示出圆周率。

前提：疏率，准确到小数点后的两位数值。现在要更精确，至少准确到小数点后的三位数值。当然，愈准确愈好。显然，要准确到小数点后三位数值，用以比较的圆周率，至少也要准确到小数点后三位数值。当时，祖冲之已把圆周率算到准确的六位小数。在此前提下，要找的分数才有可能准确到四位、五位甚至六位数值。

尝试：有了比较误差的标准：$\pi=3.1415926$，就可在疏率计算的基础上，继续去逐个尝试，以便从中找出比疏率更好的分数。

$\pi=3.1415926$ 有七位准确的小数值，故在尝试中，估算相应的 p，化$\frac{p}{q}$为小数，也需计算七位小数。计算量比疏率的尝试显然大增。因此，减少计算量就更加必要。以祖冲之过人的计算能力，一定注意到了以下两点：

1. 避免重复。当尝试的分数之分母能分解因数时，鉴别能否化为分母较小，已经尝试过的分数。

2. 化繁为简。多位数的乘法比起加法，计算量也大得多。因此，各次尝试中，有相同的乘积，何不列表备用之。譬如在 $p \approx 3.1415926 \cdot q$ 中，q 不外乎是用 0、1、2、…、9 这 10 个数码组成。于是，将这些数码与 3.1415926 相乘，并列成表，如表 2。再把它们当成基本元素，复杂的乘法便可化成简单的加法。如取 $q=327$，则虚线圈出的三次乘法，便可从乘法表中，直接引用过来（当然需要定位），于是，用加法便得所求的乘数。

表 2　乘法表

q	$3.1415926 \cdot q$
1	3.1415926
2	6.2831852
3	9.4247778
4	12.5663704
5	15.7079630
6	18.8495556
7	21.9911482
8	25.1327408
9	28.2473334

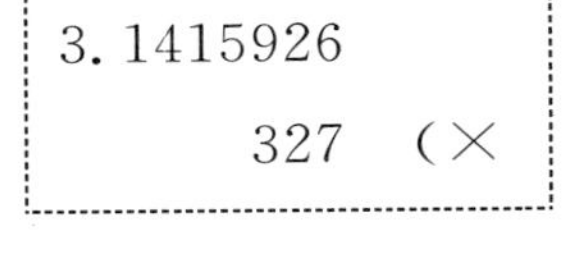

$7 \cdot \pi$ ………… 21.9911482

$20 \cdot \pi$ ………… 62.831852

$300 \cdot \pi$ …………942.47778　（+

1027.3007802

故 $3.1415926 \times 327 = 1027.3007802$

这样，依给定的分母（q），去求相应的分子（p）时，就可省去三次 8 位数的乘法，计算量随之大为减少。

3. 误差公式。定出 p 后，接着是算误差

$\Delta=\left|\pi-\frac{p}{q}\right|$，以下的 π 皆取 3.1415926

如果能化简一下，岂不更好，于是有

$$\frac{p}{q}-\pi=\frac{p-q\pi}{q}$$

虽然只是个通分合并，但右边的好处是，其中的 $q\pi$ 是刚才计算出来的量，直接用它来算，少一个中间环节，计算量也因之减少。

再依 p 是 $q\pi$ 经四舍五入而得的整数，故知

当 $q\pi$ 的小数部分 $<\frac{1}{2}$ 时，则 $|p-q\pi|=q\pi$ 的小数部分；

当 $q\pi$ 的小数部分 $\geqslant\frac{1}{2}$ 时，则 $|p-q\pi|=1-q\pi$ 的小数部分。

最后，再用 q 除之，便得相应的误差。

例如，上面 $q=327$ 时，算出的 $q\pi=1027.3007802$，则相应的误差为：

$$\left|\frac{p-q\pi}{q}\right|=\frac{0.3007802}{327}\approx0.0009198$$

故以 $\frac{1027}{327}$ 表示 π，准确到三位小数。

再算一下祖率的误差，当 $q=113$ 时，依乘法表可知：

$$3\pi\cdots\cdots\quad 9.4247778$$
$$10\pi\cdots\cdots\ 31.415926$$
$$100\pi\cdots\cdots 314.15926\quad (+$$
$$\overline{113\pi\cdots\cdots 354.9999638}$$

$\therefore\quad p=355$

$|p-q\pi|=1-0.9999638=0.0000362$

$\therefore\quad \Delta=\left|\dfrac{p-q\pi}{q}\right|=\dfrac{0.0000362}{335}\approx 0.0000001$

$\therefore$ 祖率$\dfrac{355}{113}$表示 π，准确到 6 位小数。

而与它相邻的两个分数，其误差分别是

$$\left|\pi-\frac{352}{112}\right|=0.0013;\quad \left|\pi-\frac{358}{114}\right|=0.0012$$

皆只准确到两位小数，与祖率的准确性差之远矣！

以上只是笔者的猜测，以祖冲之过人的计算技巧，尚不止以上避免重复、简化计算等的三个方面。然而仅就这三点，已使求分子、算误差的计算量大减，使逐个尝试不至于过繁而令人生厌。又幸遇祖率的分母不算大，所以逐个尝试也很快达到目标。

在物理、化学等自然科学中，发现规律或加以检验，都离不开种种试验，最初的试验就是尝试。不仅数学与自然科学中，即使文学、社会科学中，也离不开尝试。伟大的“五四”所倡导的新文化运动，作为一员主将的胡适，就大力提倡用白话作文写诗。那优美的白话短诗，像白居易的诗，通俗易懂、韵味隽

久。他总结推广白话的体会就是尝试。为此，还写了一首小诗，对尝试的意义写得生动、浅显，又深刻、全面。故转录于下：

自古成功在尝试

请看药圣尝百草；尝了一味又一味。
又如名医试丹药；何嫌六百零六次？*
莫想小试便成功；哪有这样容易事！
有时试到千百回；始知前功尽抛弃。
即使如此已无愧；即此失败便足记。
告人此路不通行；可使脚力莫枉费。

尝试，虽然应用甚广，但也非万能的仙丹，譬如祖冲之的头一个千年纪录（计算圆周率准确到 7 位小数），靠的就是锲而不舍的毅力和一丝不苟的认真。因为以当时数学发展的水平，计算圆周率的唯一途径，乃是边数逐次加倍地计算正多边形的周长。只有认认真真地一步一步去细心地计算，每步都不容有丝毫的差错，否则怎经得起一千多年来的时间检验！

5. 盖世通才，三代同好

由于祖冲之对圆周率的计算，功绩卓著，领先逾

---

* 笔者注：当年有一种新的特效药，名曰“606”，就是因为试验了六百零六次方告成功。

千年。所以人们只知道他是一位伟大的数学家，其实，他是一个古代罕见的通才。改旧历之误，创较准之新历，是一位精通历法的天文学家，自不必说。稀奇的是，他还擅长机械制造，留下一些值得称道的事迹。如重造指南车；改造水碓磨，使功效大增；创造一艘“千里船”。此外，在文学艺术方面也多有建树，流传下来的就有小说《述异记》十卷。对音乐也有很高的造诣，史书称他“精通钟律，独步一时”，可见才气过人。

虽然，祖冲之在多方面都显露出他超凡的才华，但他一生最大的志趣，还是在精于计算；最大功绩，则是准确到 7 位小数的圆周率和精妙的密率，都是计算的结晶。

本来，历法上的成就，也很能体现祖冲之的志趣。他亲自观察日月运行规律（亲量圭尺，躬察仪漏，目尽毫厘，心穷筹策），发现当时历法上的一些错误；运用他高超的计算技能，制定当时最准确的历法，定名为“大明历”。但是，观测的精密性，乃是历法准确的依据。限于当时观察的水平，难以制定出千秋皆适的历法，所以同样能体现高超计算技能的大明历，就不能像密率那样，成为世之瑰宝，万代流芳。

祖冲之对数学、天文兴趣之浓，爱好之炽，也可从他儿孙身上得到反映。在他时时熏陶之下，儿子祖暅也自幼喜好数学和历法，祖冲之费了不少心血

制定的大明历，由于受到守旧势力的反对，在他生前未得施行。他死后，祖暅便继承遗志，并用实际天象去检验新旧历法的真伪。经祖暅不断的坚持，并用观察天象的数据，去说服有关方面。经过不懈的努力，终于在祖冲之逝世十年后，得以正式颁布执行。

此外，祖暅巧妙地计算出球的体积公式的同时，总结出一具有普遍性的原理——祖暅原理。学过积分学的人便知道，这也是求体积的积分思想。

1635 年，意大利数学家卡瓦列里（B. Cavalieri，1589—1647）才提出这一原理，较之祖暅（5～6 世纪）也晚一千余年。吴文俊估计：这可能是古代中算西传的结果，有待考证。

祖冲之的孙子祖皓，也是数学家，善算历。足见祖冲之对数学的志趣和精通，都深深地影响着后代。可惜古代没有这么多传道授业的学府，不然，多带一批弟子，就会促成古代数学发展的一个更大的高潮。

祖孙三代皆精通数学，又都擅长历法，至今仍传为美谈，在中外数学史上亦不多见。

6. 伟业永存，举世称颂

祖冲之虽然去世已一千多年，但世界人民并没有忘记他创建的伟业。

1965 年，我国发行了一套古代科学家纪念邮票，祖冲之就占其中的一枚。肖像的下面写着:算出圆周率为 3.14159265。

20 世纪 80 年代,数学竞赛较为盛行,中南数省市联合举办的数学竞赛,便以“祖冲之杯”为名,以缅怀和学习祖冲之热爱数学、献身数学的精神。

1959 年,苏联发射第三枚宇宙火箭,探测月球背面的奥秘。在绘制月球背面图中,将一个寰形山命名为“祖冲之”。

在世界权威的《100 个具有挑战性的问题》一书中,只提到两个中国人,一个是 1500 年前的祖冲之,另一个是 20 世纪的陈景润。

更早的时候,苏联莫斯科大学内,为大学生树立学习的楷模,塑造了一批世界著名科学家的雕像。我国科学家有两位:一位是祖冲之,另一位是李时珍。

显然,祖冲之的业绩和献身科学的精神,在世界范围所产生的影响,远不止以上几点,只因笔者寡闻,未能一一道来,颇以为憾。

微积分的创始人·力学之父——牛顿

牛顿(Issac Newton,1642～1727),17世纪最伟大的英国科学家。在数学、力学、天文学、光学等领域有杰出的贡献,尤以发现万有引力和创立微积分而著称于世。

1. 上帝说:“让牛顿降生吧!”

1642年圣诞节的早晨,英国东海岸中部林肯州的格郎达姆镇南约13公里的一个小村子里,牛顿诞生于一个普通的农民家里。他是早产儿,出生前他的父亲已经去世。出生时,其体重只有正常婴儿的一半。他母亲说,一夸脱(约一升)的杯子就装得下他。当时,微弱的生命让人不抱任何希望。两个到镇上取药的妇女,私下想着,恐等不到回来,小生命就会夭折。谁也没有料到:弱小的牛顿竟奇迹般地活了下来,还健康地享有85岁的高寿,而且成为世界闻名的大科学家。在列举世界最著名的数学家或科学家时,都少不了首推牛顿。后人对他的推崇和赞颂,不乏于许多科学论著和报刊的文章中,这里借用英国诗人的话:

宇宙和自然的规律隐藏在一片黑夜里,
上帝说:“让牛顿降生吧!”
于是,一切都变得光明。

说明世人对他的膜拜,虽有诗人的夸张,但也反映出了他在科学史上的崇高地位。对于信奉基督教的人来说,早产于圣诞的早晨,又是瘦弱得奄奄一息,竟享有高寿;而且,他确实把隐藏在宇宙和自然界的规律揭示出来了,自然科学因此一片光明。这些都是近乎于神的奇迹。

2. 笨木匠的转变

牛顿不到两岁，母亲便改嫁了。瘦小的牛顿便由外祖母和舅舅抚养，到了上学的年龄，外祖母送他到村里的小学读书。

牛顿在小学里，除数学以外，成绩并不怎么好，每当教师讲到学习差的学生，总少不了牛顿。然而小小的牛顿也有他的爱好和倔强的性格。他常常将外祖母给他的零花钱积攒下来，买些锯子、斧头、凿子和锄头之类的工具，利用课外时间制作诸如风筝、风车、日晷、漏壶之类的玩具与仪器。做得还像模像样，常受到同伴的称赞。

一个星期天，牛顿拿着一件自制的木器，兴冲冲地走向村外。同村的小朋友看见牛顿又捧着一件新玩具，便纷纷地跟着他走到村外。原来牛顿拿的是自行设计制作的水车，小朋友好奇地问："能不能转动?""当然能。"牛顿信心十足地回答着。便与小朋友一起来到有一定落差的河边，并动手安装起来，刚开始水车便嘎嘎作响，接着就真的转动起来了。大多数小朋友都称赞牛顿还真有本事。

然而，牛顿毕竟还是一个读小学的孩子，哪能像技高的木工做得那样精巧。粗糙、简陋、自然是免不了的。平时一位自以为是又傲慢的同学，本来就瞧不起牛顿这个成绩不佳的同学。这时，见这么多伙伴都在称赞他，不禁妒意大发，冲着牛顿大喊："你这算什么，只不过是个笨木匠！"还蛮横无理地踩了他一脚。小牛顿本来就胆小、寡言，从不与人争吵。这时，也火上心头，忍不住大喊一声，弓腰一头撞过去，这个家伙没料到牛顿会如此回击他，一个趔趄，差一点倒在地上。无理取闹的人，多是外强中干，欺软怕硬的。那同学见牛顿如此强硬，便也软了下来。

经此一件小事，牛顿便产生了自信心。对待学习也是这样，首先是不怕困难，才能全力以赴地去克服困难，然后再刻苦努力地学习，不但成绩很快超过欺侮他的同学，最终还是全班之冠。也为他将来伟大的成绩奠定了基础。

3. 苹果下落与万有引力

关于牛顿创造、发现的故事很多，但流传甚广且富有启发的，当首推苹果下落的轶事。

牛顿在沃尔斯索普时期，每当实验做完或读书之余，也到户外休闲散步，既消除终日思索的困倦，又有活动活动身体的作用。一日，从书房出来的牛顿，信步来到庄园踱来踱去，最后在一棵苹果树旁的石凳上，坐下来小憩。正当牛顿悠然沉思，忽见一个熟透了苹果落在地上。

瓜熟蒂落，一个苹果落在地上，实乃司空见惯的小事。但是与"力"打了一辈子交道、被后世尊为力

学开山鼻祖的牛顿，对这个平凡小事，便有不平凡的态度。因为在他心中，经常思考着力的大小，力的方向；追寻着力的来源、力的作用；探讨着力的性质、力的规律。有时，“力”充满着他全部的脑海，占据着他整个的身心。因此，看见苹果直直地落在地上，不免追问一下：苹果落地时，为什么不偏不移？是什么样的力，才使它不东摇西荡而垂直地落向地面。人们常说，不会看的看热闹，会看的看门道。以建立力学的科学体系为己任的牛顿，岂会对这一与力有关的偶发事件，漠然视之！虽说平凡，但追究出隐藏其中之根源，平凡之中，也会显示出它神奇的魔力。

有人不信这一传说，认为不合事实，把伟大的科学发现简单化，甚至扣上唯心主义的帽子。其实，仔细分析，传说也暗合哲学原理，哲学上常讲：

普遍性常寓于特殊性中；

必然性也隐含于偶然性中。

牛顿看见苹果落地，纯属偶然，但刨根问底，便会悟及地心的引力。再深究其中的缘由，又推而广之，从而发现万物皆有引力的普遍性。也符合人的认知规律。类似的例子，在科学发现中，也屡见不鲜。瓦特看见火炉上的水壶盖子，因水开而被掀起。悟及蒸汽之力，可以利用，从而发明蒸汽机，开创动力的新时代；魏格纳病中无聊，对着墙上的地图细看，偶然发现大西洋两岸的边缘线，竟大致吻合，联想到地壳运动，提出崭新的一门学科——大陆漂移说；还有 X 光、青霉素的发现，无不都是偶然事件，触发了科学家的顿悟或灵感，才产生出以上科学发现的种种奇迹。

不免有人会问，我们众多的凡人，甚至很有学问的专家，为什么没有从物体下落悟及地心引力？而独独是牛顿由此而创造了奇迹。区别在于“无心”与“有心”。大多数人对力的产生，力的作用，都漠不关心。因此对物体落地当然是熟视无睹。一贯研究力学的牛顿，之所以不同于凡人，便是他长期以来，就在探索宇宙中的奥秘，寻觅自然界的规律。他所处的时代，开普勒已发现行星运动的三大定律。在天文学上，这是在有观测资料的基础上，准确、完美地解释了行星运行的轨道问题。但进一步追问：行星的轨道为什么是椭圆……那就不需要什么观察资料，而靠的是力学与数学。这二者正是牛顿之所长，也是他潜心深钻的问题。长期考虑、思索天体运行规律之根源，苦苦寻觅它们遵循的力学法则，久思而未抓住症结，偶然从苹果落地受到启迪——万物之间皆有引力，便成了深入解决许多疑难问题的金钥匙。科学研究中，这种久觅未果，又得之偶然的发现，正如王国维说的做学问的最高境界：

众里寻他千百度，
蓦然回首，
那人却在灯火阑珊处。

当然，万有引力，之所以成为解决天体力学众多问题的基石和出发点，绝非苹果落地那么简单。只有将引力的大小用数量关系精确表达出来，才谈得上用数学的方法去推演它的轨道方程。但是，寻求力的表达式，与发现力的根源相比，一般说来，是较为容

易的。因为这是有的放矢，有章可循。譬如，蒸汽机的发明，重要悟及蒸汽可以利用。至于如何利用蒸汽，只不过是些技术性的问题。

牛顿可能正是由苹果落地想到万有引力，在这一念头指引下，总结前人的有关资料，并进而设计出种种实验，最终得出著名的万有引力定律

$$F=k\frac{M_1 \cdot M_2}{R^2}$$

即是说，二物之间的引力，与二物的质量乘积成正比，与二物之间距离的平方成反比。

实践是检验真理的唯一标准，以此定律去推演行星的运行轨迹，得出的正是开普勒发现的行星运动三大定律。一百多年前，行星运动的速度和周期规律，仅由观测资料总结而得。如今，找到了理论的依据。苹果落地引发的万有引力定律一出现，便显示出它的巨大威力。

关于这一传说，曾出现在牛顿一个朋友史特克莱的回忆录中。他记述了牛顿逝世前一年，与牛顿坐在苹果树下，追忆当年见苹果落地而思考地心引力的情景；这个故事还出现在伏尔泰（Voltaire，1694～1778）的著作中，据说来源于牛顿的外甥女卡特林·巴顿（Catharine，barton）。她在牛顿晚年时，曾帮助他操持家务。

英国人很重视这个苹果落地的故事，1820 年，沃尔斯索普庄园那棵苹果树，被一场暴风刮倒了。据说被锯成数截，有的人拿回去折下枝条，插栽培育；也有人当成体现故事的文物，珍藏起来。在牛顿曾经

读书的地方——剑桥大学三一学院的主楼前，还专门种下一棵苹果树，便是体现这个故事的象征。现在到剑桥大学参观的人，还特意到这棵树下摄影留念，并缅怀牛顿在自然科学上的丰功伟绩，遥想当年万有引力发现的情景。

剑桥三一学院为纪念牛顿而栽的一棵苹果树

2009 年 4 月，来我国访问的剑桥大学现任校长艾莉森·理查德，接受中央电视台的高端访谈时，水均益问道："砸开牛顿智慧大门的那棵苹果树，是否还在校园内？"艾莉森·理查德回答说："仍然在，但已是第三代，是孙子或孙女，因为苹果树的寿命是 50—80 年，但新植的是上一棵的种子。"由此也可看出：苹果落地与万有引力的故事，在世界范围内都长盛不衰地流传着。

4. 痴迷科学的几件趣事

牛顿之所以成为一代伟大的科学家，除了热爱科学和几十年如一日的锲而不舍的精神以外，专心致志到忘我的境界，也是成功的重要因素。这里介

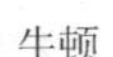

绍几件小事,也见其精神于一斑。

牛顿不但读书时聚精会神,做起实验来,钻进实验室就不分昼夜,不达目的便难见他出来。实验室就像家里一样,实在困了,就在靠椅上打个盹,回过神来,又全力以赴;感到很饿的时候,才拿个面包吃上几口,或煮几个鸡蛋,聊以果腹,以便继续去完成他那痴迷的实验。

一天,实验已持续到深夜,饥肠辘辘的牛顿便顺手抓起“鸡蛋”投入桌旁的锅里。待煮熟后,以便充饥。

过了一会儿,见加热的锅里已热气腾腾,他心想鸡蛋也该熟了。于是,揭开锅盖,准备捞出鸡蛋时,不禁傻眼了!这煮的哪是鸡蛋。原来,当时不经意,错把手表当鸡蛋丢在了锅里。

又一天,牛顿宴请自己的一位好友,菜肴已摆在桌上。他对久思的一个月球轨道问题,突然想到一个计算的新方法。于是,便径直走到书房去计算。

牛顿的朋友也堪称知己,久等不见牛顿出来,也不再多等,就独自食用起来。而且吃完之后,还想开个玩笑,便把吃剩的鸡骨头,摆在盘子里,并盖上盖子,然后悄然离开牛顿的寓所。

牛顿专心计算,全然忘记了宴请朋友之事。几小时后,感到饿了时,才又走到餐桌。当他揭开盘子的盖子,看见满是吃剩的骨头,恍然大悟地说:“我还以为自己没吃饭呢,原来已经吃过了。”于是,就回到书房,开始了新的工作。

还有一次，牛顿约两位朋友去饭店小酌。因店里没有他们所需要的酒，便向店主借了瓶子，去店外买酒。两个朋友在店内闲聊，等了一个多小时，还不见买酒的牛顿回来。朋友和店主都颇感诧异，因为酒店离此并不算远。于是，两个朋友便出去寻找。问遍酒店，都说未见踪影。最后，在一个书店找到了牛顿。原来他路过书店，见新出版的一本物理书，便聚精会神地读了起来，完全忘了两位朋友等着他买酒之事。

这里再穿插一个小故事：据说牛顿小的时候，曾养过两只猫。猫一大一小，为猫进出留洞的时候，牛顿在门上也挖了两个一大一小的洞。意思显然是，大猫走大洞，小猫进小洞。可是，他马上发现，猫并不遵从他的意愿，小猫也经常从大洞进出。牛顿方知自己办了件蠢事。

前面曾讲：牛顿读小学的时候，最初也属学习差的学生，只是后来发奋图强，才一跃而居全班之首。与此小故事两相映照，也证明了“天才出于勤奋”的真理。

牛顿痴迷科学事业而闹的笑话趣事还很多，但上述几则小事，足见牛顿思考之专注，工作之入迷。这般专注，如此着迷，难怪成为一代科学巨人。

5. 唯一的一次恋爱

1665 年，牛顿读大学时，欧洲流行瘟疫，剑桥大学被迫停课。学生纷纷离校避邪，牛顿这时也回到家乡。当时，正值仲夏，几个表姐妹也来到他家聚会欢叙，并帮助收割庄稼。

牛顿有一个表妹，正当青春妙龄。身材高挑，长得俊俏，一双眼睛又明又亮，牛顿不觉喜欢起这位表妹。牛顿当年22岁，也是风华正茂，英俊儒雅，所以也深得表妹的芳心。于是，一对情投意合的表兄妹，不是在房内叙谈，便是在户外散步。然而，在一起时，三句话不离本行，牛顿给表妹讲数学，讲力学，还讲光学、热学，有时也讲天体运行，宇宙的奥秘。而这些都是牛顿擅长的学问，牛顿讲得头头是道。表妹也因喜欢牛顿而耐心听着，微笑地望着牛顿。虽说似懂非懂，但也显出一付专注的神情。牛顿也因此而更讲得神采奕奕。他们就这样长伴一起，度过一段美好的时光。

牛顿心想，表妹是一个可爱的姑娘，又能专心地听自己热爱的科学，定是才学兼优的女流。在自己献身的科学事业中，如果能得到她的支持和帮助，比翼双飞，促进自己早日攀登科学顶峰，那将是一生的最大幸福。

然而，这段恋情并没有开花结果。牛顿因而终身未娶。

牛顿和表妹虽最终未成眷属，但牛顿未忘旧谊，有情有义。若干年后，在牛顿功成名就之后，还经常在经济上给表妹很大的帮助。

6. 最后留下的名言

牛顿在数学与自然科学上的贡献是多方面的，而且都是对后世产生深远影响的巨大成就。

在数学上，他是微积分的创立者。他基于速度，引入了导数、微分，又基于无穷级数的研究而发现了积分与微分的互逆关系，即微积分的基本定理。后来，德国的莱布尼兹也独立地发现了这一定理。因此，数学史上，将他们二人并列为微积分的创始人。

此外，在数学上，二项式定理的发现，也是牛顿的一项重要成果，其他还有以牛顿命名的如牛顿定理、牛顿公式、牛顿恒等式、牛顿不等式、牛顿线、牛顿轨迹、牛顿法……也散见于数学许多分支。台湾出版的《幼狮数学大辞典》称牛顿为“人类智慧的代表，数学界的领袖”。

在天文学中，以发现万有引力定律，而创立了科学的天文学；在力学中，由于认识了力的本质，提出的力学三大基本定律而形成了以他命名的牛顿力学；在光学中，发明了光之光谱分解，倡导光的粒子学说，有力地促进了光学的发展。

1727 年 3 月 4 日，85 岁高龄的牛顿，在伦敦主持皇家学会大会后回到家中，感到全身疼痛，便和衣而卧。谁知自此以后，再也起不来了。在床上躺了

15天之后，自感大限将至，便把照料起居的侄亲叫到床前断断续续讲述他心中要说的话：

> 我不知世人是怎样看我的，但我自认为我不过是像在海滨玩耍的孩童，一会儿找到一颗特别光滑的卵石，一会儿发现一只异常美丽的贝壳。就这样使自己消遣娱乐。而与此同时，真理的汪洋大海在我眼前还未被发现。

停顿片刻，他又说：

> 如果我比笛卡尔看得远些，那是因为我站在巨人的肩膀上的缘故。

说完这些话，他安详地闭上了眼睛。

英国剑桥大学三一学院
教堂内的牛顿塑像

数学之神——阿基米德

阿基米德(Archimedes),公元前287年生于西西里岛最繁华的城市叙拉古(当时属于希腊,后属于意大利),在数学、力学和天文学上都有杰出的贡献。一位历史学家讲,任何列出三位最伟大的数学家的名单中,必有阿基米德。甚至有的历史学家尊称阿基米德为数学之神。

1. 给我一个支点，我可以移动地球

借助杠杆撬动重物，早在古代人们就在生产实践上加以广泛地利用。不然，古代建筑的奇迹——埃及的金字塔、我国的万里长城等，怎能将沉重的巨石搬来移去！但是，把杠杆的原理精确地表达出来，则是阿基米德的贡献。依此，他给叙拉古国王希罗（Hiero）的信中说：不大的力量可以移动任何重物。为了更生动地说明这任何重物，他还说了一句流传后世的名言：

给我一个支点，我可以移动地球。

希罗颇感惊奇，甚至怀疑。因此，他希望能实际演示一下：如何轻松地去移动一个庞大的重物。对此，阿基米德决定：把一艘载重的大船，从库房里拉出来。于是，阿基米德设计了一套杠杆滑轮装置。演示时，阿基米德将绳子的一端交给希罗王。果然，希罗王轻轻一拉，偌大的笨重船只，就慢慢平稳地移动着。观看的人们无不惊奇。方知移动地球并非狂言，只不过没有支点罢了！

阿基米德还制造了许多既可防御，又可进攻的武器。在火药还没有发明和应用的时代，这些武器在罗马入侵叙古拉的战争中，发挥出无比的威力。因为这些武器，只需将绳索一拉，利剑，石块齐出，打得敌人四下逃窜，吓得敌军心惊胆战。只要看见城头一有绳索，便惊慌失措，乱喊乱叫："阿基米德的新武器又来了！"

2. 金王冠的识别

叙古拉国王曾让工匠打造一顶纯金王冠，王冠做好之后，造型美观，做工精巧，很惹国王喜爱。每当上朝或与大臣议事都要戴在头上，以示尊贵，有时还免不了炫耀一下，这时一位大臣轻声提醒他：

"王冠倒是精巧、漂亮，但怎能肯定它全是黄金做的呢？"

"我让人称过王冠，重量恰与当初给的黄金一样。"国王回答说，表明他并不糊涂，也考虑过这一问题。

"掺了白银或黄铜，使总的重量相等并非难事。"大臣接着说。

这下，国王哑然了。作假的人也时时防着别人识破。偷去多重的黄金，自然要用等重的其他金属去掺合，以免一称，便被人识破。

国王的疑心又被激起，然而，这时国王犯难了，不损坏王冠，又怎知里面掺了假？周围的大臣，谁也想不出辨别的办法。无奈之中，有人想起了才华出众的阿基米德。于是国王派人找来了阿基米德，让他在不损坏王冠的前提下，查明王冠之中，是否掺有

别的金属？

这是当时没有人解决过的难题，阿基米德受命之初，甚至不知如何下手，不知怎样去努力。于是，王冠的问题便占据了阿基米德整个脑海，日思夜想，多方琢磨，这样苦苦地思索，仍一无所得。

正在阿基米德一筹莫展之际，他偶尔走进澡堂，因多日未曾沐浴，就想先去洗个澡再说。当他迈进澡盆时，因水已满，立刻溢出盆外。同时明显感到体重减轻，且入水愈深，水溢出愈多，体重也愈感减轻。无意之中，他悟出了一条流体力学中的原理：

物体在液体中减轻的重量等于它排出之液体的重量

后人称此为阿基米德原理。

据此，阿基米德马上联想到王冠的问题。因为同重量的金、银，体积不同，因而排出的水量也不同。阿基米德因此兴奋至极，而忘乎所以。澡也不洗了，衣服也忘了穿，赤身奔向王宫，并一路呼喊："尤力卡！尤力卡！（希腊语，意思为我找到了）"

洗澡、游泳，本是生活中极其普通的事情。入水之后，便立感身体轻飘，也是人们习以为常的现象。为什么只有阿基米德才从中悟出浮力，并进而发现它的规律？这便是有心、无心的差异。阿基米德为辨别王冠的真伪，已做过多方面的探索，又尝试着各种可能的办法。正是心中长时间这种思索的积淀，加之对解决问题的渴望，在相关的现象出现时，才收到触类旁通之效,获恍然大悟之感。正因把全身心投入到这一辨识真伪的难题之中。所以洗澡这一平凡的事件,才触发了他的灵感。

后来的事,便顺理成章。国王让人按阿基米德的办法,取与王冠重量相同的金银各一块,与王冠分别置于水中,银块排出的水最多,王冠次之,金块更次之。这样,便肯定了王冠并非纯金制造。阿基米德又依他总结的浮力原理,精确地算出,王冠中掺了多少白银,言之有理,算得精确。工匠只得承认在王冠中确实掺有银子。

阿基米德发现的浮力原理应用十分广泛,譬如潜水艇的升降,就是依此建一储水柜,当储水柜储水后,使潜艇重量大于它所排出之水的重量时,潜艇就下沉,反之就上升。

3. 微积分学的鼻祖

圆面积的计算,是人们最早关心的问题之一。而计算圆面积的精确性,取决于圆周率 π。为求出较为精确的 π,阿基米德利用圆内接、外切正多边形从两端去逼近它。他在《圆的度量》一文中,算到内接、外切正 96 边形,得出的结果是:

$$3\frac{10}{71}<\pi<3\frac{1}{7}$$

这是第一次在科学中提供了误差的估计,也是当时

最好的结果。

接着，阿基米德利用“穷竭法”证明了圆面积等于一个三角形的面积。此三角形的底为圆的周长，高为圆的半径，即

$$S_{圆}=\frac{1}{2}(2\pi r)\cdot r=\pi r^2$$

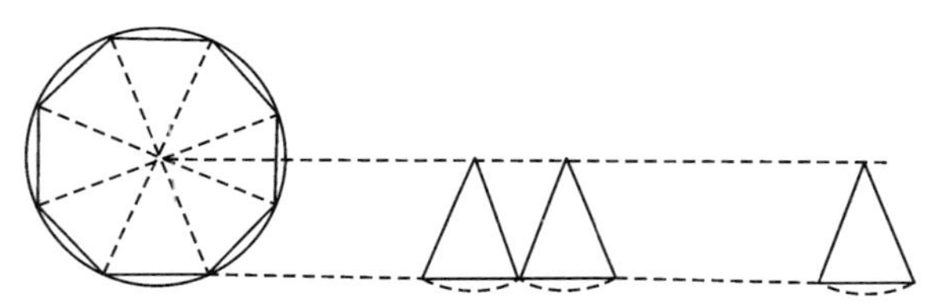

当正多边形边数无限增大时，三角形的高趋于圆的半径；
三角形底边之和趋于圆的周长。

如果我们在圆和其内接正多边形中，从圆心到各顶剪开，使正多边形各边位于同一条线上，如上图所示，当内接正多边形边数无限增大时，便形象地表示出“穷竭法”这一过程。

阿基米德不仅用“穷竭法”求出圆的面积公式，还进而算出球体的体积和球的表面积，甚至求出更复杂的图形，如抛物线弓形（抛物线与其上一弦所围成的图形）等的面积。

“穷竭法”，实质上就是极限法。大家都知道，应用十分广泛的微积分，便是以极限理论为基础而发展起来的。因此，历史学家，追根溯源，把阿基米德称为微积分学的鼻祖，是很有道理的。事实上，阿基米德把一块面积（体积）看成有重量的东西；然后将它分成非常小的长条（薄片），再用已知面积（体积）

去平衡这些“元素”；而最后，所求的面积（体积）就可通过他的原理计算出来。这既是力学原理在数学中的应用，也是积分思想的体现。

> 谁要精通阿基米德的创作，他对当代最伟大的发明就不那么大惊小怪了！

由微积分创造者之一的莱布尼兹说的这句话，就说明他从阿基米德创作中受到了有益的启示，也体现出“穷竭法”与微积分的一脉相承。

4. 让开！别毁坏了我的图形

在阿基米德晚年的时候，罗马派了一位常打胜仗、作战经验丰富的将领马塞拉斯，率大军入侵叙拉古。叙拉古虽利用阿基米德设计的武器抗击侵略军，经过两年多的战斗，这些武器威力无比，使得敌军损失惨重。最后马塞拉斯只有靠他强大的军力，采取长期围困的办法，等待城内弹尽粮绝，没有抵抗力时，再一举取胜。

直到公元前 212 年，时逢叙拉古人一年一度欢庆女神节的时候，罗马军队趁人们过节失去了警惕性，暗中从一道冷僻的城门，偷偷地爬进城内。

那时候，因为火药尚未发明，所以罗马军队入侵之时，没有硝烟，没有炮声。阿基米德还像平常一样，专心致意地在探索隐含在他那几何图形中的奥

秘。当罗马士兵走到他面前的时候，他的思绪才被打断。这时，他生怕罗马士兵弄坏了他尚未探索透彻的图形。因此，对面前的士兵喝道："让开，别毁坏了我的图形！"愚昧无知的士兵，哪知眼前的这位老人，不仅在叙拉古，而且在罗马也是令人尊敬的名流，举剑刺杀了这位伟大的科学家。真是无知酿成的悲剧，战争造成的祸害。

据说，罗马军队的统帅马塞拉斯，也为阿基米德巨大的贡献而怀敬仰之心。为此，在攻城之前，还特别命令士兵：不许杀害阿基米德。但士兵的愚昧无知，终于酿成人类科学文化史上无法弥补的巨大损失。让人惋惜不已！

阿基米德之死

拓扑与图论的开山鼻祖——欧拉

欧拉(Euler),1707 年诞生于瑞士的巴塞尔(Basel),1783 年 9 月 18 日卒于俄罗斯的彼得堡。欧拉的贡献是多方面的,几乎数学的所有分支都有以欧拉命名的定理、方法或公式……更可贵的是,在双目失明后的 17 年间,还口述了几本著作和 400 余篇论文。1909 年瑞士自然科学会就开始筹备出版《欧拉全集》。计划 72 卷,至今尚未完成。

1. 七桥趣题,引人瞩目

哥尼斯堡是东普鲁士的首府,但使它闻名于世的,却是市内的七座桥。因为市的中心区,是由两条河流环绕汇合而围成的小岛,周围被两河分隔成北、东、南三区,沟通各区的,是两河上的七座桥,如图 1。

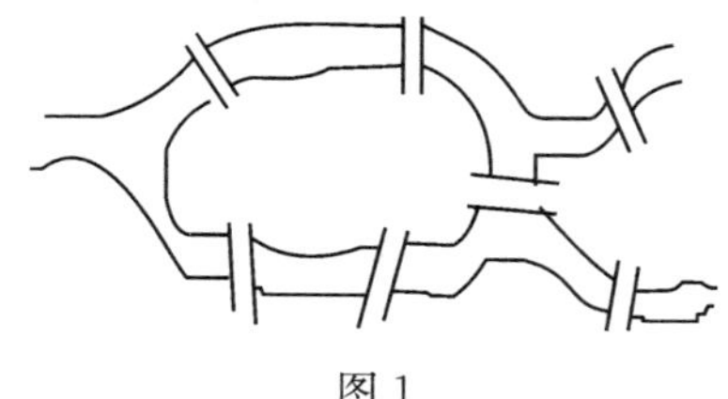

图 1

生活往来,工作联系,采购商品,以至散步游览……人们经常从这些桥上走来走去。久而久之,人们不免提出这样一个饶有趣味的问题

能否走遍七桥,每桥必过一次,且只过一次。

看似简单的问题,日复一日,人们不断地走了这桥,过那桥。但从没发现能每桥只过一次地走遍七桥。在图上去寻觅这种期望的路线,画来画去,仍然是徒劳无功的。

究竟是这种路线难觅,抑或根本就不存在这种路线?

这又成为困扰着人们的一个悬而未决的难题。

2. 才子欧拉，善解难题

正当人们对七桥难题一筹莫展的时候，有人想到善解难题的高手——欧拉。因为在这之前，欧拉已成功地解答了当时令世人关注的两个难题

(1)否定了一个素数猜想

爱提猜想的费尔马(Fermat，1601～1665)，曾据

$$2^{2^0}+1=2^1+1=3$$

$$2^{2^1}+1=2^2+1=5$$

$$2^{2^2}+1=2^4+1=17$$

$$2^{2^3}+1=2^8+1=257$$

$$2^{2^4}+1=2^{16}+1=65537$$

都是素数，而提出猜想

对任一非负整数 n，$2^{2^n}+1$ 都是素数。

正当人们都想找出一个表示素数公式的时候，费尔马的这一猜想，吸引了许多数学家的注意。为寻求它的证明，难倒了当时不少著名的学者。1732 年，25 岁的欧拉算出

$$2^{2^5}+1=4294967297=614\times6700417$$

从而否定了费尔马的猜想。消息不胫而走，轰动全欧，刮起了一股“欧拉旋风”。

(2)求出一个无穷级数之和

雅克·伯努利(J. Bernoulli，1654～1705)，是与

牛顿同时代的一位著名数学家。他求出了一些级数的和，但对看似简单的级数

$$1+\frac{1}{4}+\frac{1}{9}+\cdots+\frac{1}{n^2}+\cdots$$

却无能为力，于是公开征解。消息传到欧拉这里，引起了他的兴趣。欧拉将根与系数的关系推广到超越方程 $\sin x=0$ 中，从而得出正确的结果：

$$\frac{\pi^2}{6}=1+\frac{1}{4}+\frac{1}{9}+\cdots+\frac{1}{n^2}+\cdots$$

并对两端进行计算，算到第七位，都等于 1.644934。后来微积分的蓬勃发展，又给出了上述等式的多种求法。令人感到棘手的这道难题，首先是欧拉破解的。

附录

因欧拉所用的方法不在高深而在巧，故简介于下，供有兴趣的读者参阅。

根与系数的关系，在中学都已学过。设 β_1、β_2、…、β_n 是 n 次方程

$$x^n+a_1x^{n-1}+\cdots+a_{n-1}x+a_n=0$$

的 n 个根，则有

$$(x-\beta_1)(x-\beta_2)\cdots(x-\beta_n)=x^n+a_1x^{n-1}+\cdots+a_{n-1}x+a_n$$

故
$$\beta_1+\beta_2+\cdots+\beta_n=-a_1$$

即各根之和等于 x^{n-1} 项的系数的相反数(当首项系数为 1 时)。

但上式不能推广到方程的次数趋于无穷的时候。欧拉高明之处，就在于他把方程重新排列，由低次到高次。设原方程中常数项 $a_n\neq0$，则原方程可改为

$$1+b_1x+b_2x+\cdots+b_nx^n=0$$

其中 $$b_i=\frac{a_{n-i}}{a_n},i=1,2,\cdots,n.\text{其中 } a_0=1$$

再由

$$\left(1-\frac{x}{\beta_1}\right)\left(1-\frac{x}{\beta_2}\right)\cdots\left(1-\frac{x}{\beta_n}\right)=1+b_1x+\cdots+b_nx^n$$

便知

$$\frac{1}{\beta_1}+\frac{1}{\beta_2}+\cdots+\frac{1}{\beta_n}=-b_1$$

即各根倒数之和等于一次项系数的相反数。

这一关系便不随方程的次数无限增大而改变

下面再来看三角方程 $\sin x=0$，显然，它有无穷多个根。

$$x=0,\pm\pi,\pm2\pi,\cdots,\pm n\pi,\cdots$$

即 $\sin x=0$ 应是无穷次的代数方程

再由微积分的基本知识，可知

$$\sin x=x-\frac{x^3}{3!}+\frac{x^5}{5!}+\cdots+\frac{(-1)^nx^{2n+1}}{(2n+1)!}+\cdots$$

因右端无常数项，故两边再除以 x，即得

$$\frac{\sin x}{x}=1-\frac{1}{3!}x^2+\frac{1}{5!}x^5+\cdots+(-1)^n\frac{1}{(2n+1)!}x^{2n+1}+\cdots$$

而 $\frac{\sin x}{x}=0$ 的各根为 $\pm\pi$、$\pm2\pi,\cdots,\pm n\pi,\cdots$

再依欧拉改进的根与系数的关系便知

$$\frac{1}{\pi^2}+\frac{1}{(2\pi)^2}+\cdots+\frac{1}{(n\pi)^2}+\cdots=\frac{1}{3!}\quad\text{（一次项系数的相反数）}$$

两端乘以 π^2，则得

$$1+\frac{1}{2^2}+\frac{1}{3^2}+\cdots+\frac{1}{n^2}+\cdots=\frac{\pi^2}{6}$$

这便是欧拉巧用根与系数的关系而攻破了当时大数学家公开征解的难题。

3. 出奇制胜,“七桥”生辉

由于欧拉成功地解决了当时许多著名数学家都感到费力的难题,因而声名大振。于是,有人把这让人无从下手的“七桥”之谜,写信向欧拉求解。

欧拉高明之处,是他面对七桥问题,锐敏地察觉到:桥的宽窄、长短在此问题中无关紧要。因此可用任一线段或弧线代替;而桥沟通的各区,是大是小,是圆是方,也完全可以不管,因而又可用点表之。于是,七桥问题便转化为

图2是否可用一笔画成?

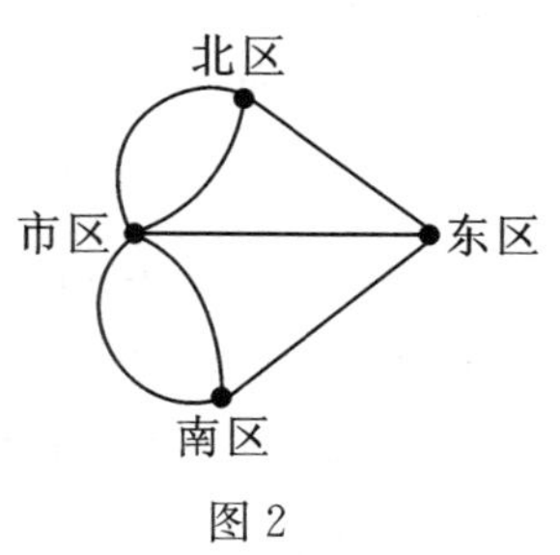

图2

欧拉又进而分析,一笔画出的线图,除起点、终点之外,所有中途点,有进必有出。故连接中途点的弧线必为偶数。依此来看七桥转化的线图,经过各点的弧线皆为奇数。

1735年欧拉据此宣布:

要走过每一座桥且仅过一次,是不可能的。

研究这种不计区域大小、形状,不管弧线长短、曲直的图形,正是现今发展迅猛的图论和拓扑学之内容。于是,人们便把欧拉巧解七桥所用的思路和方法,看成这两门学科诞生的源泉。哥尼斯堡本是

一座有悠久文化传统的古镇。现又因它的七桥，成为这两门学科的发祥地。

后来，哥尼斯堡出了一位举世闻名的大数学家希尔伯特，哥尼斯堡大学也培养出像闵科夫斯基等著名的一流数学家。不能说与欧拉的影响无关。

4. 巧于心算，举世罕见

1776 年，欧拉不幸双目完全失明，一下坠入黑暗世界。然而，超人的记忆和非凡的心算，使他在数学王国里，心中依然明亮。因此，失明的灾难并没有阻止他继续去心算精思他喜爱的种种数学问题。

双目失明后，欧拉只有漫漫的长夜，随时醒来都是思索、心算的时候。因此，这黑暗的 17 年，岁岁都是欧拉的丰收年。

要简述欧拉失明 17 年中所解决数学、天文上的重大问题，也需要很多的篇幅。这里，我们只介绍两个心算的小故事。

欧拉的两个学生，同时计算一个较复杂的收敛级数的前 17 项和。结果，只在第 50 位上相差一个单位。师高弟子强。欧拉的学生，也都是擅长数学，又训练有素，一时也不知孰是孰非。为了判定谁对谁错，只好求教于老师。欧拉便心算这全部过程，终于指出那个不对和错误所在，令人信服。

另一个例子是，用心算证实了梅森的一个猜想，即

$$M_{31}=2^{31}-1=2147483647$$

确实是一个素数。

M_{31}是一个20多亿的大数。但要证明它是一个素数，约需检验小于1万的所有素数，都除不尽它。这计算量之大，是显而易见的。对一位在数值计算方面训练有素的专业人员，都不是一件轻易的事。何况是一位双目失明已60岁的老人，真乃心算的奇迹！难怪消息传出，人们惊呼这一成果宛如“东方的曙光，林中的响箭”。法国天文、物理学家阿拉哥(Arago)生动地说：“欧拉计算好像一点也不费力，正如人呼吸空气或雄鹰展翅飞翔一样。”

5. 通信引出的世界名题——哥德巴赫猜想

哥德巴赫(C. Goldbach，1690～1764)，在哥尼斯堡大学学过数学与医学，后游历欧洲，结识了许多有名的数学家，如莱布尼兹、伯努利兄弟、棣莫弗等，曾被彼得堡科学院聘为教授。也曾当过沙皇彼得二世及其姑妈的家庭教师，还在外交部任过职。

哥德巴赫虽有其他任职，但喜爱数学的兴趣不减。他处的时代，正是微积分迅速发展的鼎盛时期。

虽然也曾写过几篇有关无穷级数的问题，但他感兴趣的还是数论方面的问题。

哥德巴赫与欧拉几次书信往来，深为欧拉精深的数学造诣而折服。因此，他把比自己年轻 17 岁的欧拉当成自己的老师。一遇到疑难的问题，便写信向欧拉请教。自 1729 年起，这种通信一直持续到 1763 年，长达 34 年之久。

前面讲的，欧拉否定的费尔马猜想（一切形如 $2^{2^n}+1$ 的数都是素数），便是哥德巴赫提供的信息。1729 年 12 月 1 日，哥德巴赫从莫斯科给欧拉的信中写道"……费尔马本人证明不了，半个世纪过了，也没人能证明它，但人们还是相信它"。

除了转告费尔马猜想，哥德巴赫还陆续向欧拉提了不少数论上的问题，都被欧拉逐个圆满解决了。只有一个例外，那就是举世闻名的哥德巴赫猜想，欧拉回信写道：

虽然我不能证明，但我相信每个偶数都是两个素数之和

事实证明：不是欧拉能力欠缺，而是问题实在太难了。

欧拉不仅被誉为分析的化身，在高等数学中有众多的建树，而且也是初等数学的能手。欧拉点、欧拉线、欧拉定理……在初等数学中，也屡见不鲜。欧拉未能证明哥德巴赫猜想这看似简单的问题，说明初等方法很难奏效。两百多年的历史表明：只有运

用近代数论发展的新成果，并不断创造新的方法，问题才逐步得以突破。因此。陈景润生前在他《初等数论》一书的序言中说：

> ……我认为在最近几十年，关于哥德巴赫猜想、费尔马大定理等世界著名难题是不可能只用初等数论方法而得到证明的。所以希望青年同志们不要走入歧途，不要浪费时间和精力。

瑞士法郎上的欧拉

数学王子——高斯

高斯(C. F. Gauss, 1777～1855),德国数学家,在数学、天文学上都有丰富的成就。

高斯一生在数学、天文学中成果众多，难以详细介绍，这里仅介绍几个小故事。

1. 小高斯算得快

(1)爸爸，你算错了！

高斯出生在一贫苦的家庭里。父亲做短工以维持生计，因此也想让孩子从小学点手艺，而不是到学校读书。但一件偶然的事情改变他的主意。

在一个周末的傍晚，高斯的父亲在工地忙碌一天。回到家中，开始整理工程上的账目，算来算去，好不容易算出一个结果。没注意到，站在一旁的小高斯开腔了："爸爸，你算错了！应该是……"再核算一遍，果然是小高斯算得对。

当父亲的又惊又喜！见孩子聪明有前途，才放弃了让他学手艺的打算，送小高斯到学校读书。

(2)快捷的加法

高斯 10 岁的时候，在一次数学课堂上，老师布特纳(Buttner)出了一道题，要求学生将 1、2、3、…、100，这 100 个数连加起来。讲清题目后，老师在一旁看书等待。没料到，不多一会儿，小高斯就将写有答案的小石板交到讲台上。布特纳不信小高斯算得这么快，满以为，不是白卷就是算错，所以看也不看。直到全班学生都算完后，才来检查答案。见一些学生算错了，而小高斯只写了一个正确的答案(5050)。很是吃惊！因为在这之前，他并未教学生这类等差数列的求和，因此，他看出：小高斯有独立发现规律的能力。因为没有人教，他就能看出这组数的特点，知道颠倒相加是相同的数：

$$\begin{array}{rrrcrr} & 1 & 2 & 3 & \cdots & 99 & 100 \\ + & 100 & 99 & 98 & \cdots & 2 & 1 \\ \hline & 101 & 101 & 101 & \cdots & 101 & 101 \end{array}$$

然后得出(100×101)÷2＝5050

因此，布特纳预言：小高斯将会成为一个优秀的数学家。

2. 走错路的奇遇

小高斯自幼喜爱文学。14 岁那一年，有一天他正捧着一本新书，边走边读。书中引人入胜的情节吸引着他，不知不觉走错了路。忽然有人拦住他的去路：“孩子，你往哪里去?”有人轻轻地把手搭在他的肩膀上。高斯抬头一望，一位雍容华贵的夫人，挡住了他的去路。但见她面带微笑，目光和善。他还没意识到已走错了路。随口回答：

“我是往家里走呀！”

“这是你的家吗?”夫人友好地问。

高斯环顾四周，原来他已走进公爵的大院。以

往，他都是沿着围栏外面走过。今天看书入迷，竟误入院内。正想解释一下，退回原路。夫人却想看一看，到底是什么书吸引这位少年走错了路！于是翻了翻书，指着上面几个段落，亲切地加以询问。高斯因对书了解十分透彻，所以对答如流。再加高斯彬彬有礼，深得夫人的喜爱。于是，夫人立即引见给威尔亨公爵。公爵对高斯考查一番，也大为赞赏。再细加了解，原来，学校在这之前，已向他推荐资助这位神童进入大学深造。今日一见，果是前程无量的有为青年。家贫的高斯，也因公爵的资助而顺利地进入大学。

3. 志向的选择

高斯从小表现出来的数学才华，使他对数学情有独钟，且后来成为一代数学大师。然而，读大学时，选择数学作为终生奋斗的事业，高斯还曾犹豫、彷徨过。

因为高斯自幼也喜爱文学，对德国古典文学与著名诗人海涅、歌德的优秀诗篇，都爱不释手。在大学一年级时，高斯借阅的 25 本图书中，语言、文学竟占了 20 本，足见他的兴趣之浓；而且这种爱好终身未改，60 多岁还自学俄语，读俄国作家的诗歌、散文和小说。究竟学文或是数学，鱼与熊掌不能兼得的时候，学习中的一个发现，才使他定下钻研的方向。这个发现是正十七边形的尺规作图方法。

1932 年，欧拉成功地将 $2^{2^5}+1$ 分解成二数之积，便否定了费尔马提出的 $2^{2^5}+1$ 都是素数的猜想（见欧拉篇）。于是，这类费尔马数便退出了历史舞台，逐渐被人遗忘。然而 19 岁的高斯，在研究正十七边形时，联想到了前面两个费尔马数。

$$2^{2^0}+1=3, \qquad 2^{2^1}+1=5$$

对应的正三角形，正五边形，都可以用尺规作图，便想到正十七边形对应的、第三个费尔马数 $2^{2^2}+1=17$，是不是也可以用尺规作图作出？正十七边形的作图对应的是：方程 $x^{17}-1=0$ 的根，能否用＋、－、×、÷和开平方表示出来。再提出一个因子 $(x-1)$ 后，问题又转化成

$$x^{16}+x^{15}+\cdots+x+1=0$$

的根，是否能用＋、－、×、÷和开平方表示出来。

要解这个 16 次方程，谈何容易！高斯的过人之处，就是他将这个方程，化成了四个层次的二次方程；并具体将它的根用＋、－、×、÷和开平方表示出来，使这一出人意料的问题得以完美的解决。高斯还把这一方法加以推广，即费尔马数 $(2^{2^n}+1)$ 若为素数，则相应的正多边形也可用尺规作出。这样，被人遗忘的费尔马数，又有了新的用场。

高斯本人也十分欣赏这一成就，为此决定献身数学事业。

高斯去世后，后人依其遗嘱，将正十七边形刻在他的墓碑上。在其生前长期工作过的哥廷根大学，也在校内专为他建了一座塑像，底座便是正十七边形的棱柱，以纪念他的这一杰出成就。

4. 找回失踪的小星星

高斯不仅在数学上建树颇多，在天文学上也有重大贡献。还曾应邀担任圣得堡天文台台长。天文学的一项重要任务，便是观察行星的位置，计算它的运行轨道。

1801 年元旦的那一天，意大利天文学家皮亚齐观察星辰时，发现了一颗亮度为 8 等的小星(后来命名谷神星)，与另一天文学家预料的行星位置相符。但因星小，拿不准是行星还是没尾巴的彗星。连续观测了 40 天，到 2 月 11 日终因劳累而病倒。因这颗星实在太小，时间一久，在茫茫的夜空便难觅芳踪。于是，给数学提出一个问题：如何依据不多的观察数据，算出行星的运行轨道。因为只要算出轨道，那么对准轨道，范围缩小了，就容易找到它的踪迹。

高斯以他丰富的数学知识、驾驭计算的卓越才能，很快便建立起行星运行规律的理论，并简化了计算过程。

实践是检验真理的标准。另一天文学家查赫

(Zach)，根据高斯的理论，造了一个觅星表，预报“丢失了”这颗星的位置。好事多磨，连日阴雨，无法观测。直至这年除夕，天气大晴。果然在预定的位置上，找到“失踪”近一年的这颗小小的星。数学的神通广大，因此也见一斑。

在这之前，欧拉也曾建立过行星运行的轨道，用此方法，连续计算三天，才能得出结果，因过分劳累以至失明。当有人向高斯谈起此事，高斯耸了耸肩说：“这并不奇怪，倘若不改进方法，我的眼睛也会瞎的。”因为用改进后的方法，只需一小时。

高斯在数学、天文学上的众多贡献都是非常杰出的，德国也为有这样杰出的数学家而骄傲。因此，高斯的头像也出现在德国货币马克上，如下图。在世界各国货币上印制数学家的头像并不多见。

原德国货币马克上的高斯头像

5. 拆掉脚手架

高斯一生发表了众多的论文，简练、严密是他文

章的特色。对此，高斯说了一句形象生动的话："瑰丽的大厦建成后，应拆除杂乱无章的脚手架。"

简练，固然是优点，但一味追求简洁，也有它的弊病。对数学的深入理解，常要求弄清它的来龙去脉。过分简练，既看不出源头，也摸不清进一步的发展；理解与掌握数学方法，也重在思路分析。简洁成干巴巴纯逻辑推理。严格有余，但缺乏对读者的启迪。因此挪威数学家阿贝尔说："高斯像只狐狸，用尾巴扫沙子来掩盖自己的足迹。"德国数学家雅可比也说："高斯的证明僵硬地冻结着，人们必须将它融化出来。"都是说这种过分简洁的不是。

6. 不该遭到的冷遇，贻害无穷

1801 年，高斯倾注多年心血的《算术研究》问世了。以行文简洁著称的高斯，对此书反复检查、再三核对，力求完善。也是高斯自己很满意的一部著作。

后人对此书的评价也很高，把它与流传上千年的欧几里德的《原本》相媲美；说这本书开创了数论研究的新纪元。在此后一百多年里，这个领域里的成果，都可追溯到这本书的范围中。

当时，巴黎是数学研究的一个中心，集中着许多权威的数学家，因此，高斯也希望在巴黎扩大书的影响。于是，赠书给巴黎科学院，希望得到他们的赞赏。出乎意料的是，审阅的那位先生听说作者才24岁，抱着“刚出校门不久的学子，能写出什么好东西”的偏见，并没有认真去看。或者因为过于简洁而未理解到它的深刻性，便匆匆退回，附上的意见不乏揶揄之辞。

像一盆冷水，泼在高斯头上，严重伤害了他的自尊心。虽然高斯依然自信自己钻研数学的能力，但副作用之大还是显然的。

首先，高斯自此以后，发表著述更慎重。在自己认为尚未尽善尽美，便不发表。他怕发表那些别人尚难理解的东西，“黄蜂就会围着耳朵飞”。现存的许多高斯未曾发表的手稿，都是很有创见的东西。如果及时发表，就会促进当时数学的发展。美国的数学家贝尔说：“如果他（高斯）能把他所知道的公之于世，现代数学很可能要早半世纪。”

一点误解，推迟了非欧几何的诞生。

匈牙利人 F. 鲍耶（F. Bolyai），是高斯在哥廷根大学的同窗好友，一生精力耗费在试证平行公理这一徒劳的事情上。因为这实为欧氏几何中的一条公理。当他得知儿子 J. 鲍耶，也要从事平行公理的研究时，便写信劝阻。他深有感触地写道：“……它会剥夺你一切余暇、健康、休息和所有的幸福。这个地狱般的黑暗，将吞吃成千个像牛顿那样的巨人。”

谁知，21岁的小鲍耶，血气方刚。受传统束缚不深，未听父亲的劝告。认真地分析了前人失败的原

因，大胆地否认了平行公理。从“三角形的三内角和小于 180°”出发，严格推导，竟建立一套和谐的新几何体系。1823 年 11 月 3 日，他兴奋地写信向父亲报喜：“我已从乌有创造出一个新世界。”

老鲍耶把儿子的发现写信告诉高斯。高斯复信中有一段话：“……赞赏这些成果，就等于称赞自己。全部所获的结果，跟我 30 年至 35 年前的沉思所得，几乎是一模一样的。”

小鲍耶看了高斯的回信，不信高斯早有自己这般大胆的创新，而怀疑高斯借机染指这新几何学的创立之功。因他与父亲是同窗挚友，30 多年却并未透露这一想法，又未劝阻父亲不要去证明平行公理，因为注定要失败的。于是一气之下，竟从此放弃数学的研究。实在令人惋惜！其实，老鲍耶的态度却通情达理，对同一成果同时出现在不同的地方，比喻为“春天的紫罗兰到处开放”。

依高斯的数学才华，早有此新的见解也是可能的。但过于谨慎，30 多年不公之于世，对数学的发展也很不利。因为徒让许多试证平行公理的数学家，白费精力。

19 岁的拉格朗日与欧拉通信讨论等周问题，从而引起变分学的诞生。可等周问题是欧拉多年苦心钻研过的问题，结果欧拉回信盛赞拉格朗日的解法，并压下自己尚不成熟的作品，暂不发表，以显拉格朗日的成果之独到，数学史上传为美谈。

高斯可能没料到小鲍耶的误解，不然像欧拉一样，只肯定和赞美鲍耶的创见，就不致使小鲍耶负气自弃。

后来，对阿贝尔的态度，也未能起到提携青年的作用。1825 年，23 岁的阿贝尔，把他尚未发表的、许多人不易读懂的“五次方程的不可解性”，寄给久负盛名的高斯，希望得到他的肯定。以高斯对方程论的高深造诣，一看文章名字，便会知其重要性。但未引起高斯的重视。以高斯当时在数学界的声望，倘若及时给予肯定，加以推荐。阿贝尔这位一代数学天才的命运，就有可能完全改观。可惜，高斯当年受巴黎科学院的冷遇，又由他重演在阿贝尔身上，让人唏嘘不已！

非凡的数学天才——阿贝尔

阿贝尔(N. H. Abel)，1802年生于挪威的芬多，1829年卒于挪威的弗鲁兰。以证明五次方程不可解而开近世代数的先河。

1. 出身寒门,幸遇良师

阿贝尔 1802 年 8 月 5 日生于挪威首都奥斯陆附近的芬多,父亲是一位牧师。幼年因家贫上不起学,幸亏父亲是饱学之士,因此,启蒙受益于他的父亲。直到 13 岁时,得到一笔奖学金,才有机会进入一所教会学校,开始接受正规的教育。

由于贫寒,营养不良,阿贝尔面色苍白,而且衣服破旧像一个穷裁缝。因此同学们戏称他为“裁缝阿贝尔”。

在学校里,呆板的教育,开始也没有引起阿贝尔对数学的兴趣。发生转折的是,他 15 岁时,来了一位优秀的数学教师洪保,他讲授数学课深入浅出,引人入胜;又常出一些较难的题目,启发学生独立钻研。阿贝尔也因破解难题受到鼓励,一下子对数学产生了浓厚的兴趣。第一学期末,洪保对阿贝尔的评语是“一个优秀的数学天才”。

洪保一生最大的贡献,便是发现和引导这位天才登上数学的高峰。

洪保还在这位出色的学生成长过程中,筹资送他深造,到欧洲去发展;阿贝尔去世后,还为他校订出版文集,这样优秀的教师,也因弟子的辉煌业绩而名垂青史!

2. 初试锋芒，挑战久悬的世界难题

阿贝尔在洪保的指导下，不仅自学了高等数学，而且还阅读了欧拉、高斯等大数学家的著述，很快进入数学的前沿，并立即在高斯、拉格朗日关于方程论的基础上，着手去攻高次方程的解法。

自从1545年卡尔达诺(G. Cardano，1501～1576，意大利)首先在《宏大的艺术》一书中，公布了三次、四次方程的解法之后，至阿贝尔时代，近三百年间，许多的数学家都寻求五次方程的解法，屡屡受挫。高次方程的解法成为吸引当时数学界的一大热点。

青年的阿贝尔，勇于挑战当时的这道世界难题。不久，他以为找到了五次方程的解法，老师洪保与奥斯陆大学汗森丁(C. Hansteen)都看不懂，只好寄给丹麦最有名的数学家德根(F. Degen)。德根也看不出有什么错，但谨慎的德根知道，这两百多年许多大数学家都未啃动的大难题，恐怕不会这么轻易地被攻破。于是，回信建议阿贝尔，再用实例去检验一下自己的方法，并在信中写道

> 即使你得到的结果最后证明是错误的，但已显示出你是一个有数学才能的人。

著名的数学家对素不相识的异国青年，如此关爱和鼓励，也是值得赞扬与学习的。

3. 历尽坎坷,终成大业

阿贝尔遵照德根的指点,着手去构造五次方程解的例子时,才发觉自己的解法有误,虽有些失望,但有德根教授的鼓励,便没有动摇继续钻研的决心。

这时,阿贝尔的父亲已经去世,贫困的家庭,雪上加霜。爱惜人才的洪保,带头筹款,于 1821 年资助阿贝尔进入了奥斯陆大学。由于弟弟年幼,家中无人照顾,学校还允许他带着弟弟住在学校,边读书边照料弟弟。即使在这种困苦的环境下,读书之余,仍然写出多篇有价值的论文,并陆续发表。

在大学深造两年多的基础上,阿贝尔又回头来猛攻五次方程的求解问题。这次,他及时调整了思维的方向。两百多年,许多成绩卓著的数学家,都在这一问题劳而无功!莫非这种解法根本就不存在!朝这正确的方向去钻研,阿贝尔的才智便得以充分的发挥,1824 年成功地写出了《论代数方程——证明一般五次方程的不可解》的著名论文,从而给代数方程求解问题,画上一个完美的句号。

这篇论文的重要意义在于:它宣布了

> 两百多年来,企图用加、减、乘、除和开方,来表出五次和五次以上的方程之根,都是徒费精力。

因为阿贝尔证明了：根本不存在这种表示法。否则，还会有很多智力超群的数学家，把精力白白耗在注定失败的努力上。

阿贝尔也深知它的重要性，尽管贫寒，仍决定先以小册子自费出版。为节省费用，力求简洁，把论文压缩到短短的 6 页，以至许多学者难以读懂，就连被誉为数学王子的高斯也不相信：他本人几经努力都未见希望的难题，能败在一个名不经传的青年手中！

因此，全文发表详尽的证明，才能让人信服！才能使后人不再空耗精力！

4. 邂逅益友，创传世期刊

1825 年，阿贝尔大学毕业，在恩师的帮助下，来到欧洲，一方面寻求发表研究成果的园地，一方面找一份谋生的工作。在柏林幸遇克列尔，后结为挚友。对他的事业有极大帮助的，克列尔是第二人。

克列尔（A. L. Crelle，1780～1855）原是一位工程师和建筑师。但对数学也饶有兴趣，靠自学数学还获得博士学位。他关心德国数学的发展，想办一份杂志，使之“成为数学人才荟萃的乐园”。因此，当阿贝尔介绍了已取得的成果和无处发表的困境，正合克列尔的志趣；克列尔又很赞赏阿贝尔的才华。于是，两人一见如故，结为忘年交（阿贝尔比克列尔小22岁）。

1826年，克列尔创办的《纯粹数学与应用数学杂志》创刊号出版。创刊号几乎全是阿贝尔的论文。其中论证五次方程的不可解性，又为创刊号增光生辉。因为，两百多年来，使许多英雄竞折腰的难题，自此宣告圆满地解决。而且还标志着代数学的研究，将转入一个崭新的时代。

这份杂志前三卷，发表了阿贝尔的22篇论文，涉及到方程论，无穷级数与椭圆函数等三个方面。克列尔创办杂志，为阿贝尔的成就提供了发表的园地；反过来，阿贝尔才华横溢的出色论文，立即引起了欧洲数学界的重视，克列尔创办的杂志因而也名声大振。此外，克列尔还通过这份杂志，扶植了一些青年数学家。为了纪念克列尔在传播和交流数学成果上的功勋，这份期刊因而被尊称为《克列尔杂志》。

说起系列文章的发表，这里再穿插一则小故事。

5.论文初被弃，对手鸣不平

1826年，阿贝尔遵照为他审阅五次方程求解论文的德根教授的指点，开始钻研刚出现不久的椭圆函数，并很快写出一篇颇有创见的论文，寄给法国科学院。负责论文审阅的著名数学家柯西，竟看也没看，便丢在一边。

久盼不到回音的阿贝尔，在克列尔创办杂志之后，于 1827 年又重写了一篇，登在《克列尔杂志》上。

事有凑巧，同月出版的《天文学报告》上，也刊出一篇内容基本相同的论文，作者是德国的雅可比（C. G. Jacob，1804～1851），当时已声名远播，数学分析中，隐函数组、反函数组的存在定理用到的函数行列式，就冠以雅可比的大名。同一成果，被二人同时独立获得，在数学史上，并不罕见。然而，阿贝尔毕竟技高一筹，于是接着又发表了一篇水平更高的论文。雅可比读后，甘拜下风地说："这是我望尘莫及的！"

雅可比后来听说：阿贝尔的论文，早在两年前就已写出，但遭冷遇。与阿贝尔素不相识的雅可比，愤愤不平地质问法国科学院。

接到名人雅可比的责难，法国科学院大吃一惊，方知有此失误，最后，在天棚上找到了阿贝尔先前寄来的论文。

法国科学院及时回答了雅可比的质问，并在例会上宣读了这篇论文，表达了歉意。

同行相敬——雅可比的这一优秀品德，在数学史上也传为美谈。

6. 命运多舛，丰碑永存

阿贝尔原先曾把自己的论文提交法国科学院，

负责审查的柯西、勒让德都未重视。现在一经发表，勒让德读了以后，说阿贝尔确实是一位少有的天才；原来不信无名青年能破他都感棘手的难题，现在高斯也信服了，因为阿贝尔论证严密，无懈可击。

克列尔，既为阿贝尔这些文章的巨大反响感到高兴和安慰；又为阿贝尔没有一份合适的工作，仍处于贫病交加的困境而担忧。除了以稿费的名义寄去生活费，稍解困境。克列尔还与关心和钦佩阿贝尔的一些数学家，向有关部门推荐这位优秀的人才。

经过大家的努力，1829 年 4 月，柏林大学和瑞典教育部，都向阿贝尔发出了任职的聘书，克列尔高兴地立即写信，告诉已在家乡挪威的阿贝尔。不幸的是，聘书到时，阿贝尔已于两天前因病去世，死时才 27 岁，让人痛惜不已！

阿贝尔贫困短暂的一生，有幸遇到一位良师、一位益友；良师的发现，引导和帮助，使他才华充分地发挥出来；益友的关怀、协助，使他的成果早日在社会上产生广泛和深远的影响。因此，阿贝尔的不幸早逝，也使他的良师益友悲痛欲绝，良师精心为他编辑出版文集，以寄托哀思；益友在自己办的杂志上写下了感人的颂辞，现转录于下：

> 阿贝尔的全部著作镌刻着无比的创造天才和非凡的、有时是惊人的思维力量，如果考虑到这位作者的年龄，就更令人惊叹不已了。我们看到，他能够以一种不可抵

抗的力量，透过一切障碍，向下深入到问题的本质上，以不可想象的能量向它进攻；又能够从上面来考虑问题，高高地翱翔于问题的目前状态之上，所有的困难在这个天才的无敌的攻击之下，都化为乌有……然而，阿贝尔赢得人们的尊敬和无限怀念不仅是因为他的伟大才能，而且由于他纯洁的品质和高尚的心灵，以及少有的谦虚，这些非凡的品德使得他作为一个人来说也同他的天才一样被人们所珍爱。

在漫长的数学史中，做出巨大成绩的科学家举不胜举，但做出划时代的功勋，却为数不多。五次方程的不可解一出，代数方程求根的艰苦、无效的时代，便宣告结束。代数学从此朝着它一个崭新的方向——近世代数，蓬勃发展。因此，这篇论文不愧是数学史上一座光芒四射的丰碑。

近世代数中，有一类群叫阿贝尔群，指的是群中的乘法满足交换律。其实，称为交换群反倒名正言顺，因为它反映其中运算具有可交换的性质。而群的概念，也是阿贝尔之后，由伽罗华首先提出来的。但是，有人在阿贝尔那篇著名的论文中，也发现蕴涵着这样的思想。于是，中外数学文献和专著中，都乐意称它为阿贝尔群。因为一提阿贝尔，便会联想到他那划时代的贡献，心中自然涌起景仰和爱戴之意；也会想到他那贫病交加、短暂又不凡的一生，心中不免又滋生一股同情、惋惜之情。

山不在高，有仙则名。水不在深，有龙则灵。阿贝尔如仙如龙，弹丸之地的挪威，也为出这样一位旷世奇才而骄傲。因此，挪威在首都奥斯陆的皇家公园里，专门塑了一尊阿贝尔的雕像：象征着他在数学上的卓越贡献与世永存。

阿贝尔雕像

数坛上的旷世奇才——伽罗华

伽罗华(Evariste Galois,1811～1832),法国数学家,彻底解决了用根式解代数方程的判定问题。是近世代数的奠基人,年仅21岁便不幸死于一次决斗中。

1. 创新论文,两次丢失

英雄出少年。在科学中也是这样,许多重大发现出自名不见经传的青少年,上面介绍的阿贝尔是典型的一例,这里要讲的伽罗华是更为年轻而罕见的一位。

22 岁的阿贝尔解决了五次与五次以上的方程不能用根式解之后,还没来得及深入研究更普遍的问题,便过早地去世了。于是,如何去判定哪些方程可用根式解,哪些不能用根式去解,便是需要解决的一大难题。当时,许多数学家对这一难题都感到束手无策。

1828 年,17 岁的伽罗华已写好四篇文章,他将其中两篇有关方程的论文,提交法国科学院审查。因为科学院人才荟萃,都是一流的数学家。科学院决定:由著名的数学家柯西和泊松负责审查这位中学生的论文;当年 6 月 1 日,科学院举行例会,讨论伽罗华提交的论文。然而,会议开始后,主持会议的柯西,东翻西找,竟然找不到那篇论文;会议因无文可议而草草收场。

柯西丢失后起之秀的重要论文,并不是伽罗华一人。之前,阿贝尔的论文,丢弃在天花板上,也是柯西的责任。阿贝尔回忆:"我把论文交给柯西,但

他几乎没有瞟一眼。”更早的彭赛列(射影几何的奠基人之一),多年后回忆拜见柯西的情景,仍充满怨气。这样一看,作为中学生的伽罗华,引不起柯西的重视,也就不足为怪了!

过了两年,1830年伽罗华又将一篇精心构思写成的论文,再次送交法国科学院。这一次负责审查的是法国科学院院士、三角级数的创始人傅立叶。然而,世事多变,开会的前两天,傅立叶不幸去世。丧事之后,人们想知道傅立叶的审查意见,可是整理遗物时,始终不见这篇论文的踪影。傅立叶对这篇论文是如何评价的,也就成了一个难解的谜。

2. 虽受重视,终因过于超前而搁置

第一次与柯西一起审查伽罗华论文的泊松(1781～1840),不但是位在概率论上有卓越贡献的数学家(以他命名的泊松分布,在概率统计中,应用极广,他还推广了在理论上占重要地位的大数定理。),而且也是一位关心青年人的长辈。他注意到了伽罗华的论文一再丢失的情况,便叫伽罗华重写一份,这样,一份珍贵的伽罗华手稿,才有幸保存至今。

遵照泊松的建议,伽罗华便将他原先的论文《关于用根式解方程的可解性条件》重新写好,仍然送交法国科学院审查。这次泊松亲自审阅了这篇很重要

的文章。他花了四个月的时间，没有弄懂这篇文章的关键部分。具有求实精神的泊松，坦率地在审查意见上，承认自己“完全不能理解”。不能理解并无看出破绽或漏洞的意思。出于对青年学生的负责态度，泊松在退还伽罗华论文时，又劝他再写一份，对关键部分详加阐述，以利专家审查。遗憾的是，这时伽罗华却因政治问题而被捕入狱，论文的修改与审查又一次拖延下去。

伽罗华提交给法国科学院的超级水平的论文，为什么一而再、再而三地引不起当时极负盛名的大数学家的重视？探讨一下原因，就会从中汲取有益的教训。

原因之一：解决的问题难度过大，又出自青年之手。

正如上一篇介绍阿贝尔的成就时所说：困扰数学界两百多年的解方程，一直停留在三、四次方程之根能用根式解出的水平上。因此，阿贝尔证明了“五次和五次以上的代数方程不存在普遍的根式解”的时候，就在数学史上树起了一座光辉的里程碑。

现在伽罗华解决的问题比这更深刻、更彻底，因而难度也更大。因为他发现并证明了

代数方程：

$$a_0x^n+a_1x^{n-1}+\cdots+a_{n-1}x+a_n=0 \quad (1)$$

之根能否用根式解的充要条件。

这就给数学中久悬未决的难题，画上了一个完美的

句号。

如此重大的课题而又难度过高，曾让许多大数学家束手无策、望而生畏。如今竟让一位羽毛未丰，仅有中学文化的少年轻易地攻破，似痴人说梦，像天方夜谭，着实叫人难以置信。也难怪当时已声名远播的大数学家柯西等不肯相信真有这般奇迹，因而未加重视。竟致发生令人遗憾的事件——论文丢失，误人大事。

原因之二：首创的概念和理论过于超前，难明其妙。

自古英雄出少年，就在伽罗华完成他几篇重要论文(1829～1832)的前几年(1824)，在数坛引起巨大反响的一个重要成果(证明一般五次方程的不可解性)就是出于年方 22 岁的青年数学家阿贝尔之手(见上篇)；再说，成名的许多大数学家，也多是在风华正茂的青年时代，就已崭露头角或初露锋芒。因此，科学史的典型的先例和自身经历的体会，都时时提醒他们不能轻视青年破解难题的才干和尚未充分发挥的潜力。因此，伽罗华的论文没有引起重视，难度过大是原因之一，但并非主因。设想伽罗华的论文，用的都是当时几何、代数，甚至正在蓬勃发展的微积分中十分熟悉的概念。那么，依柯西当时居领先的水平，只需翻阅、浏览一下，若有破绽，也就一眼看出。然而，伽罗华首创的概念和理论，实在太超前了，读之，如云里雾中，难明其理。

为了略知伽罗华超前的思想和方法，我们再回头看一下他欲解的问题：

如前所述，伽罗华要解决的问题是，能否用方程

$$a_0x^n+a_1x^{n-1}+\cdots+a_{n-1}x+a_n=0$$

的系数 $a_0,a_1,\cdots,a_n$ 通过加减乘除和开整数次方等运算，将方程之根表示出来，因此就涉及两类数的集合。

一类是方程的系数 $a_0,a_1,\cdots,a_n$，以及它们通过加减乘除所产生的所有数的集合 $F(a_0,a_1,\cdots,a_n)$。现在，用近世代数的语言，称它们为基本域，虽然，伽罗华当时未用域这个词。然后，再添加各种根式又产生扩域，因此，若根能含于某个扩域内，便有根式解，不然就无根式解。

另一类，是该方程的全部根 $x_1,x_2,\cdots,x_n$ 所成的集合。与系数的集合比较，容易看出：

改变系数 $a_0,a_1,\cdots,a_n$ 的次序，方程也随之改变；

而改变根 $x_1,x_2,\cdots,x_n$ 的顺序，仍是原方程的根。

每改变一次顺序，我们记为

$$\begin{pmatrix} x_1 & x_2 & \cdots & x_n \\ x_{i_1} & x_{i_2} & \cdots & x_{i_n} \end{pmatrix},$$

其中 $i_1,i_2,\cdots,i_n$ 是 $1,2,\cdots,n$ 的一个排列，并称之为一个置换，连续施行两次置换的结果，仍是一个置换。伽罗华把这看成置换中像乘法一样的运算，并又将这些置换及其运算叫做群，即现在称的置换群。伽罗华特别注意到：有些置换能使方程之根，用方程的系数表出的某些代数式保持不变，且认识到这些

置换在根的表示中至关重要。伽罗华把这些置换叫做方程的群，后人为纪念他，特称之为伽罗华群。

正是对这方程的群（伽罗华群）的深入分析，伽罗华终于发现：它的结构再满足一定的条件，方程的根便可用根式表出，再把满足这种条件的群叫可解群。于是，他的重大成果便可简明的表为：

> 方程 $a_0x^\mu + a_1x^{\mu-1} + \cdots + a_{n-1}x + a_n = 0$
>
> 之根能用根式表出的充要条件是伽罗华群
>
> 为可解群。

这就使代数方程之根能否用根式表出的问题，得以彻底地解决。

至于伽罗华群满足什么条件才叫可解群？说来话长，因为它涉及到几个新概念，如商群、单群等，远超本书的范围。

从以上简介就不难看出：伽罗华首创的群概念，实在太超前了。他逝世后，20 来年，才有人认识到矩阵，四元数也有类似于群的那种结构；又过了 20 来年，在几何与物理中，也有人看出所有的刚体运动，亦有群的结构；直到 19 世纪 80 年代，即伽罗华逝世近半个世纪后，才由众多的素材说明群这种结构的普遍性和应用的广泛性。于是，抽象的群，才由公理化的方式定义出来，并成为近世代数中最基本的概念之一。

如今，不但近世代数有着十分丰富的内容，单是其中的群论，内容之丰，足以形成数学的一个分支。

伽罗华逝世距今已 170 多年，群的发展已渐成熟，应用也十分广泛。但在高等学校数学系中，群论与近世代数的其他内容，公认的是难教难学，多数教材还未涉及到伽罗华理论。遥想当年，正值青春年少的伽罗华，首创的群和有关解方程的理论，岂不如同天书一般，一时让人难悟其妙。泊松坦率地承认“不能理解”就不足为怪了，也无损泊松为一代数学大师的形象，因为太超前了。伽罗华创新的理论，170 多年后的今天，大学数学专业的人，弄懂它并领会到它的精妙，也需费一番功夫。这也是数学史上罕见的现象。由此观之，伽罗华真不愧是数坛上的一位旷世奇才。

数学史上，一项重大发现、一门新分支的诞生，竟连续三次没有受到重视，直到作者去世后十多年才重现于世，实属罕见。

3. 读大师名著，数迷心窍

伽罗华于 1811 年 10 月 26 日出生于巴黎附近的一个小镇。父亲曾当过拉赖因堡市的市长，母亲是当地一位法官的女儿，聪慧又有教养。母亲是他的启蒙教师。良好的家庭教育，既为他奠定了扎实的语文基础，又培养了他追求理想的执着精神。

1823 年 10 月，12 岁的伽罗华考入一所有名望的皇家中学，接受正规的教育。中学时期受老师的

影响，他对数学产生了浓厚的兴趣。15岁时，就直接阅读当时杰出的数学家拉格朗日、高斯、柯西和阿贝尔的著作。书中的内容，思想方法都对他产生了重要的影响。伽罗华特别喜欢提出疑难问题的书，他曾说："最有价值的教科书是著者在书中明白指出了他不明白的东西，遗憾的是，这还很少被人们所认识，作者由于掩盖难点，大多害了他的读者。"伽罗华在中学里如饥似渴地阅读大数学家的名著，并常独自陷入沉思冥想的状态中，深入领悟着这些名著精辟的见解和独到的思想方法。以至有的教师，见到他这种读书忘我的情景而感慨地说："伽罗华被数学的鬼迷了心窍。"

伽罗华读名家著述的两大收获：

(1)直接进入科学研究的前沿

从伽罗华研究的课题观之，正是读了当时刚从数坛升起不久的新星——阿贝尔成名作之后，才确定了奋斗的目标。因为"一般代数方程可解性的判定"比起"五次方程不可解"所解决的问题更加深入和彻底。如果没有读过这一影响甚大的最新成果，不是无意重复前人的工作，便是一些影响不大的课题。比较伽罗华和阿贝尔研究的内容，就像一个科研项目分成两个阶段完成的一样。

由此可见，读大数学家的名著，是走向科学发展前沿的最佳途径，这也是伽罗华成功的重要原因之一。

(2)创新的源头

回顾前面所述，伽罗华的论文没有得到当时大数学家的肯定。重要的原因是，他首创的群，几十年后，才为人们逐渐认识和领会。似乎这创造是神来之笔。其实并非无源之水，数学史的研究、比较，就发现早在上个世纪，1770 年拉格朗日（Lagrange，1736～1813）发表的长篇论文《关于代数方程解的思考》中，便可找到伽罗华创新的源头。因为拉格朗日总结三、四次方程的解法时，注意到

解三次方程，需先解一个二次辅助方程；

解四次方程，需先解一个三次辅助方程。

进而寻求：辅助方程之根与原方程之根的关系和规律时，使用的工具正是置换。当初，拉格朗日的本意是：将它们运用到去解五次方程。虽然没达到预期的目标，但是却看出置换的威力，因为通过置换得出了：有关根之结构的一些很有价值的结论。

阿贝尔和伽罗华在他们成名之作中，都反复使用着置换。特别是伽罗华，还首创了置换群这一极有用的新概念，都深受拉格朗日那篇长文的启示。由此可见，读大数学家的名著，汲取有益的养分，是创新、发现的源头。

以上两点足以说明，伽罗华年轻时就在数学上作出超越时代的贡献，并非偶然，而与他读大师名著密切相关。

4. 两次被捕，彗星陨落

伽罗华求学时代，正是法国政局动荡的时候。法国历史上著名的“七月革命”爆发的1830年，他刚读大学一年级。具有共和思想的伽罗华，这时卷入了反对篡权的菲力浦王朝的浪潮。由于学校当局反对学生参加革命活动，他又抨击校长在“七月革命”中的两面派行为，校长为此恼羞成怒，便于1830年12月将他开除。

伽罗华被开除后，以帮别人补习数学为业，但他投身革命的热情并未减弱，仍参加有关的政治活动。1831年5月9日，在一次共和主义的宴会上，他借祝酒说了一些对国王带有挑衅的言辞。于次日以“教唆谋害国王”罪被捕入狱，但无有力的证据，于6月15日被无罪释放。

1831年7月14日，伽罗华率众上街示威游行，再次被捕。这次关押的时间较长，直到1832年4月29日获释，共9个月。在这期间，因对政局已无能为力，又对自己钻研数学的重大成果深信不疑。于是变被动为主动，以顽强的精神继续深思精研。着重修改、完善方程可解性理论。并坚信自己的创见终有被公认之日。因此，也着手为将来出版这些著作而撰写序言。

1832 年 3 月 16 日，由于当地流行像瘟役一样的霍乱，伽罗华被转移到一家私人医院。谁知，在这短短的一个月左右，坠入情网的他不能自拔。4 月 29 日获释后，5 月 30 日便与对手决斗，以解决爱情争端。明知对手是一个枪法精准的军官，但因对爱情的执着，而置生命于不顾。决斗前夕(5 月 29 日)，他给朋友们写了几封信，嘱托代为发表自己的数学手稿，还在一封信中吐露他的心声：

> 请原谅我不是为国牺牲。我是为一些不足道的事而死的。

决斗中，伽罗华腹部中弹，被送往医院，于次日不治而死！一代年青的数学天才，便这样不幸离开人世，实乃数学事业无法估量的损失。

5. 终遇知音，光照后世

伽罗华在决斗前，已料到此去凶多吉少。原因是对手不但枪法精准，而且是凶恶残忍的家伙。已将生死置之度外的伽罗华，最不放心的还是在数学上已经铸就的大业。因此，他给朋友们写了绝笔信，除了惋惜决斗之死微不足道外，主要是托付他在数学上的心血成果。因为他自信，心血结出的成果将会产生深远的影响。所以才在信中写道：

> 你可以公开请求雅可比、高斯，不是对

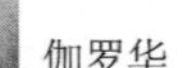

这些定理的真实性，而是对其重要性表示意见。这以后，我希望有一些人将会发现，把这些东西注释出来对他们是很有裨益的。

后来核实的结果，这些资料并没有交到两位大数学家手中。此外，他还把研究成果写成扼要的信件，托朋友转交《百科评论》发表。这一愿望得以实现，《百科评论》当年 9 月号便发表了这一信件。但因当时缺乏知音（能读懂的人太少），所以没有引起人们的重视。

直到 1846 年，伽罗华逝世 14 年后，才遇到一位可贵的知音——法国著名的数学家刘维尔（J. Liouville，1809～1882）。他从伽罗华弟弟那里，得到一份“论方程的根式可解性条件”。读后，便认识到它超凡的数学思想和将产生的深远影响。刘维尔在数学上的成就，也是多方面的。然而，使他扬名于世的贡献有二：一是发现了一个超越数的表达式；二是创办了一份对数学发展影响甚大的好刊物《纯粹与应用数学杂志》。正是这有利条件，刘维尔立即决定：在他办的这份刊物上，发表这篇奇文——伽罗华手稿。还亲自写序向数学界推荐。伽罗华的思想才逐渐引起人们的注意和重视。

如前所述，由于伽罗华引入的概念和所用的方法过于超前，因此，虽在重要刊物上发表，但曲高和寡，影响面不大。直到 1870 年，又一位法国大数学家约当（C. Jordan，1828～1921），依伽罗华解决难题主要用的置换思想，便写了一本《论置换与代数方程》，系统而详尽地阐发了伽罗华研究方程可解性的重要思想。对传播伽罗华的理论，起了很大的推动作用。

此后，人们逐渐认识到，伽罗华所开创的方向和贡献，对数学发展所起的重要作用。于是，多方从伽罗华亲友那里收集他遗留下的手稿。1897 年，皮尔(Picard)出版了《伽罗华数学手稿》；之后，1908 年，由塔涅伊(Tannerg)编辑的《伽罗华的手稿》也正式出版；1962 年，由布尔寻涅(Bourgne)和阿兹拉(Ayra)合作出版了《伽罗华论文全集》，它不仅汇集了伽罗华已发表的著作，以及保存下来的手稿和信件，而且还加了注释和评论。一位不满 21 岁的青年，他的著作、手稿和信件被多方收集，反复出版，在数学史上也绝无仅有。由此也可看出，他的数学思想所产生的深远影响。

由于伽罗华在研究方程的可解性时，首先引入群和有限域的概念，这正是近世代数最基本最重要的概念。而且，被命名为伽罗华群和伽罗华域，就有怀念他伟大功绩的意味，又因这两个基本概念也是研究方程可解性的有力工具。由它而发展起来的伽罗华理论，是近世代数中很重要又广为运用的理论。因此，在数学史上，谈到近世代数的诞生和发展，首推这位旷世奇才——伽罗华。

地以人为骄，伽罗华诞生于法国巴黎郊区的拉

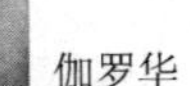

赖因堡。当地人民也因出生了这位数学天才而骄傲。人杰地灵，伽罗华故居所在的街道，已改名为“伽罗华街”。同时，在他诞生和居住过的房屋正面，竖起了一块纪念碑，上面写着：

法国著名数学家埃瓦里斯特·伽罗华生于此。

卒年21岁，1811～1832年。

短短的两行字，表达着故乡人民对他永远怀念的乡情。岂止他的故乡、祖国，全世界的人民对他也都怀着崇高的敬意，因为他杰出的贡献早已飞越国界，属于全人类。

黑暗中放射出的光芒——庞特里亚金

庞特里亚金(Pontryagin,1908～1988),1908 年 9 月 3 日生于俄国莫斯科,1988 年 5 月 3 日卒于莫斯科,因在拓扑学中作出巨大贡献,被选为苏联科学院院士。

1. 少年失明,志在数学

欧拉年近花甲不幸双目失明,不仅靠心算解决了许多重大的数学难题,而且还口述留下了丰富的数学著作,备受人们的称赞,也是后人学习的楷模。

欧拉在完全失明之前,已成功地解决了许多举世瞩目的难题,并熟练地驾驭着许多数学演算的技能与技巧。这也是失明之后,能继续心算的牢实基础。本文的主人公——庞特里亚金,却是完全失明之后,才开始选择数学作为终身事业的,且成就显赫,在近代数学尖端上,辉煌一世。

庞特里亚金出生在莫斯科的一个普通家庭里,正在学生时代的他,于 13 岁那年,因一次汽炉的突然爆炸,不幸双目失明。

13 岁,正是天真活泼,对未来又充满幻想的风华少年,一下坠入黑暗的世界。这沉重的打击,往往摧毁人的精神世界,使人意志消沉,自暴自弃。在这突降的灾难面前,是崇高的母爱给了他力量和信念。母亲不仅帮助他克服失明给生活造成的不便和困难。更重要的是,母亲耐心的开导和鼓励,使他逐渐坚定了战胜种种困难的勇气,从而振作起来,面对失明的现实,重树人生理想。并用勤奋、毅力和智慧,以求在某个方面去创造出辉煌的未来。

13 岁，也是求知欲旺盛的年龄。然而钻研什么，对失明的人，显然受到很多的限制。依生理医学的“互偿原理”，视力的减弱与消失，常会使听力大为增强。因此，当初曾考虑过，投身到音乐的世界，去大力发展。事实上，也确有盲童成为音乐家的事例。但是，美妙的乐声，并未把庞特里亚金引进音乐的大门。接着他也考虑学习历史等专业，然而也都引不起庞特里亚金的特别兴趣。

一直到八、九年级（当时的学制是中小学十年一贯制），庞特里亚金对只靠沉思默想的理性思维便可取胜的数学产生了强烈的兴趣，以致达到着迷的程度，因而成绩十分突出。

1925 年，将满 17 岁的庞特里亚金中学毕业时，报考著名的莫斯科大学数学物理系，以便专攻心爱的数学，这是他唯一的志愿。由于成绩优秀与学校的推荐，庞特里亚金如愿以偿，顺利地被保送进入莫斯科大学，开始在数学天地中施展他那非凡才华的生涯。

2. 才华尽展，成就辉煌

在大学里，庞特里亚金仅凭听觉学习数学。每次听完课，立即进行复习、巩固。因无法阅读课本，还必须加以熟记，以备随时运用。由于精力集中又

刻苦好学，尚有余力，因此从二年级起，除必修课之外，还参加了由著名数学家亚力山德罗夫领导的拓扑学讨论班，当年就获得了拓扑学的研究成果。

1929 年大学毕业后，在亚力山德罗夫主持的讨论班继续学了两年。在此期间，他运用同调维数理论，构造了两个 2 维紧集，其拓扑积的维数却是 3。人们感到惊奇，因为通常乘积空间的维数是各空间维数之和。庞特里亚金在拓扑积中构造的反例，也给亚历山德罗夫留下深刻印象，从此对他刮目相看。

庞特里亚金在近代拓扑学的发展中作出了不可磨灭的贡献。以他的名字命名的庞特里亚金对偶定理、庞特里亚金示性类、庞特里亚金数……便是赞赏和纪念他在拓扑学中多方面的成就。在极其抽象、难度甚大的拓扑学中，他发表了 60 多篇论文，并出版了一本专著《连续群》，他的许多重要成果都收集其中。因为饱含最新成果，故于 1938 年出版后，次年便被译为英文，我国在 1958 年也出版了中译本。由于此书的影响深远，于 1941 年荣获国家奖金。

3. 转向应用，再结硕果

在纯数学领域中获得丰硕的成果之后，庞特里亚金感到喜悦与欣慰之余，也不乏疑惑："什么时候才能把自己钻研的成果应用于技术物理学，或用于我们周围的物质世界中?”因为数学在应用中既能显示出它的威力,又可激发它进一步去发展。

想当初,因为双目失明,无法参与各种实验与实地考察,才选择了不需实验考察的数学。如今,已达抽象数学之巅,就此止步,亦无愧为辉煌的一生。因为失明的人能获得这么多重大的成就,已举世称奇。然而,多年深钻的数学知识,不进而发挥它应用的价值,也是美中不足,令人遗憾的!

正在这时(1932 年),一位年轻的物理学家安德罗诺夫慕名来访,谈话的内容便是应用数学的问题。庞特里亚金回忆往事时说:“与他的结识及对我的影响,使我放弃了自己一直从事着的抽象问题的研究,而致力于数学的应用。”从此开始了他俩 20 多年的合作与友谊。

改变研究方向的庞特里亚金,也在应用数学领域中捷报频传。最突出的贡献是,他于 1956 年提出的“极大性原理”(亦称“庞特里亚金极值原理”),开创了最优化原理的先河。接着又对这一原理做了多种推广,它们对偏微分方程与随机过程的发展都产生了有益的影响。这方面的专著《最优过程的数学理论》也于 1961 年出版。因应用面广,很快就有多种文字(包括中文)的译本相继问世。

此外,庞特里亚金也关心数学教育,他为莫斯科大学本科生所写的教本《常微分方程》深受师生的欢迎,并于 1973 年作为优秀教科书而再获国家的奖

金。另外,还写了四本《高等数学入门》的普及读物。

4. 非凡一生,累获殊荣

庞特里亚金读书期间就有突出的成果,只因为当时的苏联没有学位制度,所以迟至 1934 年,庞特里亚金才成为苏联的首批博士之一。不过,这时庞特里亚金才 26 岁。同年他被聘为莫斯科大学的教授,并应邀兼任莫斯科的斯捷克洛夫数学研究所的工作。1939 年庞特里亚金当选为苏联科学院通讯院士,1958 年转为院士。1970 年举行国际数学家大会前夕,需要一名苏联数学家参加国际数学家联盟(IMU)的执行委员会。这时,苏联数学家委员会主席维纳格拉多夫和苏联科学院院长凯尔迪什一致推荐庞特里亚金去参加。他因此代表苏联担任国际数学家联盟的副主席。

由于庞特里亚金在数学上的突出贡献,除了前面提到的两次(1941、1975 年)获得国家奖金之外,1962 年同三位学生一起同获列宁勋章;1966 年获苏联科学院颁发的、具有国际性的罗巴切夫斯基奖;1969 年获社会主义劳动英雄金星奖章。此外,还获 3 枚列宁勋章,一枚十月革命奖章等。

综观庞特里亚金的一生,颇富传奇色彩,他出生于一个并非优越的家庭,读大学还需奖学金。更不利的是双目失明，而终成一代数学大师。盖世无双，令人称奇。

庞特里亚金的成功，原因当然是多方面的。如上所述，母亲的帮助和开导，名师（亚历山德罗夫是苏联拓扑学派的带头人）的指导，学校与政府的支持都是不可忽视的因素。但仅凭这些，还不足以成为一代大师。因为大多数健全的人，也都可能具备这些因素。因此，过人的天资也是不可否认的重要因素。我们不妨拿下棋做个比较，会下棋的人不少，但能在心中默记，而下盲棋的不多。能同时应对多盘盲棋的，就更为稀罕。倘若这些棋林高手，也像庞特里亚金一样，迷恋于数学，何愁不能成为一代数学宗师！

庞特里亚金正是具有这份天资，又迷恋数学的人。失明的不幸，使他失去了许许多多的兴趣和欢笑，反倒使理性思维更加专注。对勤奋有心的人，这或许也是坏事变好事的特例。

附录：我国古代盲人数学家、天文学家卫朴

卫朴，北宋楚州（今江苏淮安）人，出身平民之家。自幼好学、喜读算学、天文学，只要借到这方面的书，便连夜攻读，因白天还须帮助家里干活。又因家贫，夜读只靠一盏省油的小灯。昏暗的灯光自然伤眼，久而久之，视力逐年明显下降，才30来岁，不幸双目失明。

失明后的卫朴，仍自强不息，为了使失明前刻苦学习的收获不致

付诸东流，卫朴加强了如下两方面的训练。

一是强化记忆，过耳不忘。

失明后，不能再像以前随时查阅资料，只能在自己头脑中建立所需的资料库。于是，卫朴便心里琢磨：怎样才能默记得又快又牢。功夫不负有心人，卫朴慢慢地也摸索到一些记忆的窍门，竟能达到过耳不忘。由于卫朴对历法情有独钟，故需记住一些历书。办法是请人帮他读一遍，边听边记在心中。有一次，他请人代抄一本历书，抄完之后。请人再读一遍，听的过程中，他忽然说："请停一下，这里抄错了一个字。"读的人马上对照原书，果如卫朴所言。由此可见：卫朴记忆力之强，已达过耳不忘，与过目成诵异曲同工。

二是强化计算，运筹如飞。

历法、天文学都离不开计算、推演。因此，提高计算能力，也是必不可缺的。古代计算哪像现在这么方便，即使简单的加、减，也要先用算筹（指同样大小的一些小竹棍）摆在不同的行列上表出被加的数字，然后移动这些算筹进行加、减运算。乘、除、开方，也是这样的过程，只是更复杂而已！稍有不慎，便会前功尽弃，得不到正确的结果。为提高计算能力，卫朴常把摆弄算筹的过程在心中默演一遍。因此，虽说失明，但演算之快，超过常人，史料记载"运筹如飞"。说明筹算之快。有一次，卫朴在演算过程中，某人跟他开玩笑，也有意试试他，便悄悄地挪动一根算筹。谁知卫朴再次触摸时，便发觉位置有变，只好重新演算。

卫朴过耳不忘、运筹如飞的才华，在当地虽小有名气，但在那个时代，怀才不遇的也大有人在。何况卫朴又有生理上失明的缺陷，想找个用武之地，就难上加难。好在卫朴只重在钻研自己喜欢的历法，而且还发现旧历法中推演中的错误。譬如，当时使用的《崇元历》预报1068年7月15日晚将发生月食。对此，卫朴经仔细推算，得出"该日不可能发生月食"的新论断，并把这一论断写信告诉朝廷中负责观测天象、推算历法的司天监。当时司天监的官员哪能相信一个盲人的

“胡说瞎道”，当然是不予理睬。谁知那天晚上，一轮明月高高地挂在天上，无情地宣布：旧历书，确如卫朴所指出的，错了！

幸运的是，1072年兼任提举司天监的是精通算学、天文学的沈括（1031～1095），由此改变了卫朴的命运。沈括学识渊博，传世的《梦溪笔谈》共30卷，内容除数学、天文学外，还涉及物理、化学、地质、地理、生物、医学多个领域，是难有的通才。沈括上任后，得知卫朴纠错之事，便生爱才之心，拟选卫朴到司天监工作，以扬其长。但历法是国家一项重要的大事，盲人能否完全胜任，他心中无底。于是决定先召其来京都，面试一下，再定不迟。卫朴到京都后，沈括即请他到官府叙谈。寒暄后，便专谈历法。由于卫朴确对历法深有研究，不仅对答如流，还畅谈了现行历法的疏漏和如何修订的见解。之后，又进行了一次面试，再一次证实卫朴对天文知识有坚实的功底。接着，沈括又命人取出算筹，当场演算，只见卫朴飞快地摆弄着算筹，很快地将前人尚未验证的日食验算出来。

沈括亲眼目睹双目失明的卫朴，果然名不虚传，运筹如飞。惊叹不已，便倍加爱惜，遂决定正式推荐卫朴到司天监任职。

因沈括的力荐，朝廷破格录用盲人卫朴，并让他主持修订《奉元历》。卫朴也不辱使命，以他辛勤积累的丰富知识和多年练就的演算技能，全力以赴，补偏救弊。终于修订出较为完善的《奉元历》，并于1074年在全国颁布施行。

不幸双目失明的卫朴，也因修订《奉元历》的业绩而名垂青史。

青年朋友们，在我们一生当中，难免有不如意的时候，或者遇到挫折、甚至灾难突降的时候，想想庞特里亚金和卫朴的故事，就会一展愁眉。因为他们自强不息的精神定会给我们信心和力量，去战胜困难，走向成功。

铁窗里成长的射影几何奠基人——彭赛列

彭赛列(J. V. Poncelet),1788 年生于法国东北角的海斯(Metz),1867 年卒于巴黎,是近代射影几何的奠基人之一。

1. 投笔从戎，“死”里幸生

在19世纪以前，法国常遭毗邻的普鲁士、罗马帝国的入侵和占领。我国中学课本曾选用的一篇范文《最后一课》，便是法国那个时代，面临亡国之痛的反映。因此，当19世纪初，拿破仑率奇兵，突破阿尔卑斯山的天险，一举战胜普鲁士、意大利的联军，并乘胜追击取得全面胜利之后，在法国引起的狂欢，场面之大、热情之炽，都前所未有。胜利广泛激发起来的民族自豪感，使许多热血青年和优秀学生，都为振兴法兰西，投笔从戎。这里要介绍的彭赛列，便是其中一员。

彭赛列，1812年从军以后，任工兵营上尉。随拿破仑大军一路远征，矛头直指欧洲的军事强国——俄罗斯。1812年6月，拿破仑率70万人的大军渡过涅曼河，扬言一个月攻下莫斯科。9月初，法国军队已能从波克隆山顶望见莫斯科城内高耸的钟楼。不可一世的拿破仑，被军事上的节节胜利冲昏了头脑。他以为大兵压境下的俄罗斯只有投降。于是，命令部队，穿上阅兵盛装，只待进城，耀武扬威。

俄国为应付这严重的局面，毅然决定：让作战经验丰富，又沉着坚定的老将军库图佐夫，出任战地总指挥。库图佐夫，颇似我国战国时期的四大名将之

一的廉颇。定下的基本战略是：避其锐气，以逸待劳。于是，果断地决定：暂时放弃莫斯科，实行坚壁清野。拖垮敌人后，再大举反攻。为此，将粮食、辎重藏于郊野，并烧毁了许多建筑，使拿破仑得到的只是一座空城。

10月初，寒冬已至，大批法军不适应西伯利亚袭来的寒流，而且，给养不足，难以为继。这时，陷于困境的拿破仑，只好决定撤出莫斯科。这正如库图佐夫所料。因此，法军在向西撤退的途中，被库图佐夫休整好的精兵，一下拦住去路，迎头痛击。兵败如山倒，拿破仑大军在横渡别列津纳河时，全军覆灭。拿破仑得以幸免，逃回巴黎。

彭赛列所在的部队，在克拉斯内也遭惨败。大批的死尸，被丢弃在冰天雪地的战场上，彭赛列也在其中。只是他的一身军官服装，使他幸免于难。因为这身军装，引起了俄国一支搜索小分队的注意，将他随意翻动了一下，发觉尚有一丝气息。于是，将他押回军营，并加以审讯。这般奇遇，使他“死”而复生。

2. 身陷囹圄，以图解忧

在冰天雪地里的行走，寒冷与饥饿，使许多俘虏倒毙途中。彭赛列靠着原来壮实的体质，才勉强跟着。走了四个月，终于到达目的地。1813 年 3 月，彭赛列被投进沙拉托夫的监狱。幸运的是，在春天里，逐渐恢复了青春的活力。然而，监狱的生活，不仅受制于人，而且，更难排遣的是生活的单调、无聊又苦闷。孤寂之中，他开始回忆大学期间所学的知识。

彭赛列在 1807～1810 年就读于巴黎理工大学。读书期间，受教于法国著名的数学家蒙日。蒙日不仅在微积分及其应用上有着许多贡献，还是画法几何的创始人，并著有《画法几何》一书。因此，蒙日教的画法几何，给彭赛列留下极深印象。

画法几何，是因工程、建筑的需要，用图来反映与表达物件的形状和大小。而绘图的依据，主要有中心投影与平行投影两种，如图 1 和图 2。

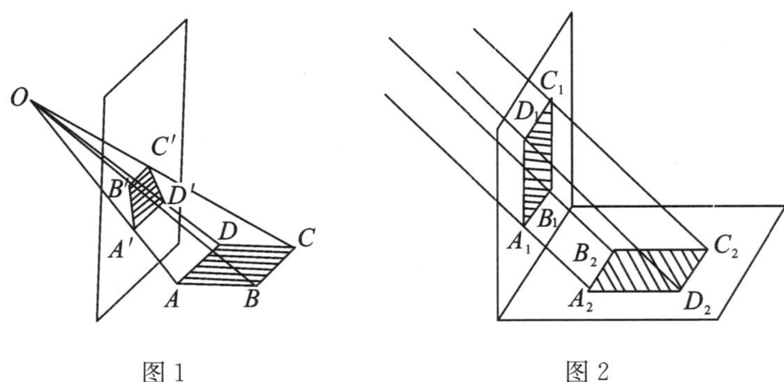

图 1　　　　图 2

中心投影的优点是，依它绘出的图象更符合我们的视觉印象，譬如：无限延伸的铁轨，朝远处逐渐变窄，比画成两条平行的线，更自然一些。因此，中心投影也正是绘画中的透视理论，意大利著名画家达·芬奇，对透视理论也很有研究。并有这方面的

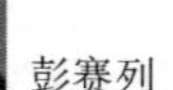

论述。他传世的名画《最后的晚餐》正是体现中心射影的杰作。

平行投影的优点是，容易从图形上得知原物的实际大小。因为平行投影，保持同一条直线上两条线段长的比不变。学过初中平面几何的，便了解这一点。依此，按给定的比例绘图，就可从图上量出实物的大小。

因同一条直线上两条线段长之比，经中心射影后不再保持，这也是透视画法难以反映实际大小的原因。

如果能够找出图形经中心射影后，还有不变的量和不变的性质。那么，我们依此也能从投影后的图象，去推算原物的大小和形状。因此，深入研究中心射影，便有广泛的实际应用，现在普遍使用的航空测量，其依据也正是中心射影的理论。

当年在大学读书时，虽然蒙日教的画法几何，给彭赛列留下较深刻的印象，但那时工科着重于应用，加之功课多，没有对几何理论作更进一步的深入探讨。现在，战败被俘，关在牢房。孤寂之中，不禁想起大学期间，蒙日所讲的画法几何，给自己留下的印象还那么鲜明。于是，不断地追忆那些生动的几何图形，并用取暖的木炭，在墙壁、地上，把追忆的内容绘出相应的图形，再在图上仔细观察、推敲。本来，牢中的生活单调无聊，但变化无穷的图形却大大地冲淡了狱中的苦闷。特别是从变化之中有所发现，更使精神上感到充实。反过来，又激发更大的兴趣，去探索那隐藏在图形之中的奥妙。

3. 潜心苦钻，终成大业

由于时间充裕，过去没有深究的内容，如中心射影等，这时，可以从容地细加探究；另一方面，狱中种种的限制，使环境往往更加安静，有心探索的人，思想更易专注在自己感兴趣的问题。因此，大学时期尚未完全搞透的问题，这时豁然贯通。甚至，有些前人还未解决的问题，如中心射影下，有哪些不变的量和不变的性质，也逐渐发现了解决它们的途径。巨大的收获，不仅消除了狱中的孤单与苦闷，而且令彭赛列兴奋不已！精神世界因此也乐观、愉快。

单靠用木炭在墙壁、地上，画画、写写，并在心中加以默记，并不牢靠。因为，钻研的收获，逐日增多；牢中的日子，又不知何日是尽头。因此，只有记录下来深思的成果，才不致毁于日久的遗忘。有心人事竟成，彭赛列慢慢地找到了一些纸张，便把潜心钻研的许多收获，择其要者，逐条记载下来。聚沙成塔，集腋成裘。到 1814 年 6 月被释放，一年多一点的时间，记下的成果，竟达厚厚的七大册。

1814 年 9 月，彭赛列辗转回到祖国。回国后，被提升为工程兵上尉。但他心中的头等大事，则是整理那狱中来之不易的丰硕收获。为纪念这段不平凡的经历,他把这七大册笔记,称之为《狱中笔记》。由于内容丰富,有的还需加工提炼,使之更加完善。所以又经七年多的努力,才完成了《论图形的射影性质》这本巨著,于1822年在巴黎出版。

这本书内容十分丰富,详细讨论了射影对应、对合变换,严格论证了射影对应下的不变量——交比;还引进了许多新概念、新的定理和新的方法。在数学史上,彭赛列正是因这本书而被誉为近代射影几何的奠基人。

称射影几何为“铁窗中诞生的几何学”,正是对彭赛列这段不平凡经历的缩写。

附录:心灵练习,思也生巧

在铁窗里深钻数学且成一代大师,对一般人来说,似可望而不可即,下面再介绍两则类似的小故事。

(1)狱中练球(某年10月20日《武汉晚报》)

二战期间,詹姆斯少校在一次抗击德寇的战斗中被俘,被关进纳粹集中营,这一关就是7年。7年间,他被关在一个只有4尺半高、5尺长的笼子里,见不到任何人,没有人和他说话,更没有任何体能活动。开始好几个月,他什么也不做,度日如年,一心幻想出现奇迹赶快脱离牢笼。他日渐憔悴,越想越难受。后来他冷静思索,觉得应该找到某种存活的目标或乐事,使之占据心灵,以免精神失常。于是,他选择了平生最喜爱的高尔夫球。

每天，他都在冥想中的高尔夫球场打18洞。凭着对过去的回味，他体验了一切的一切，包括任何微小的细节。他感觉自己的手握着球杆，练习各种推杆与挥杆的技巧。他清楚地“看”到球落在修整过的草坪上，跳了几下，滚到他所选择的落点上。

他甚至体会到每时每刻、每天、每月的进步。想象中，一周7天，一天4个小时，18个洞，从未间断过“训练”，七年如一日。

在他获得自由后，第一次踏上高尔夫球场时，他就打出了令人惊讶的82杆——相当于他过去最好的成绩，而他已有整整7年时间未碰球杆。

(2)心中练球(2004年12月23日上海《报刊文摘》)

篮球巨星乔丹上中学时，有一次在比赛时做出了一个完美的扣篮动作，震惊了全场。事后有人问他：“以前也没怎么看你练过扣篮呀，怎么做得那么好呢?”乔丹说：“虽然我没怎么练过，可是我每天都在心里想着扣篮的全部动作，每个细节都能想到，就这样在心里一遍遍地练着，所以在球场上才会表现得很好。”人们更是吃惊，难道只是在心里想也可以练好篮球?

美国人曾做过一个实验：把一个班的男生分成三组，第一组在20天内每天练习实际投篮20分钟，并把第一天和最后一天的成绩记录下来。第二组学生记录下第一天和最后一天的成绩，但在此期间不做任何练习。第三组学生记下第一天的成绩，然后每天花20分钟做想象中的投篮。如果投篮不中时便在想象中做出相应的纠正。

实验结果如下：第一组学生进球增加了24%；第二组毫无进步；第三组进球增加了26%。这就是著名的“心理意象”实验。如果心里有了一个愿望或一个既定目标，并且你有强烈的创造想象欲望，从各个角度周密地考虑它，开动创造性机器，那么这个目标一定能够在不知不觉中离你很近。

当然不能只是想象，行动是必不可少的，想象只是努力的一部分。

只有你在深思熟虑之后，走向心中的目标，画在墙上的饼才会冒出缕缕香气！

这两则故事和彭赛列的感人事迹，虽目标不一，但情同理合，都印证着："天下无难事，只怕有心人。"不管客观环境如何，只要朝着心中的目标，能实练最好，否则，坚持心灵的练习。熟能生巧，思也生巧，才不致岁月蹉跎，一事无成。

解析几何的创始人——笛卡尔

笛卡尔(René Descartes,1596～1650),法国数学家、哲学家,在数学上是解析几何的创始人。在哲学上,被称为近代哲学之父。“我思故我在”是代表他哲学思想的一句名言而广为流传。

1. 喜爱沉思，读世界大书

笛卡尔出生于法国的一个贵族家庭之中，虽然家中经济富裕，但因他出生时身体孱弱，加之他出世之后，母亲便因肺病而不幸去世，当时那幼小的生命也处于垂危之中，连医生也断定他活的希望渺茫。幸亏一位热心护士精心照料，才使他起死回生。因此才起名雷诺·笛卡尔（René Descartes），在法文中的意思是“重生”。笛卡尔终身未娶，体弱和喜爱沉思，可能是其重要原因。

笛卡尔虽体质虚弱，但头脑聪颖，且自幼喜欢独自沉思，父亲很早发现他想得深沉，故常以“我的小哲学家”称呼他。

笛卡尔 8 岁就进了当时全欧洲最著名的拉夫雷士（La Fleche）耶稣会学校，与梅森等数学家同学，并结下真挚的友谊。学校为照顾他体弱，破例允许他早晨不必到校，而在家中自学。于是，笛卡尔养成了早上在床上读书和思考的习惯，并保持到老。

1612 年，笛卡尔以优异的成绩毕业于这所名牌学校。接着进入普瓦捷大学，攻读法律，20 岁大学毕业后当了律师。但在校时一直喜欢数学，在巴黎期间又遇到两位精通数学的神父，在他们指导与相互切磋中，奠定了为数学作出重大贡献的基础。

笛卡尔不满足于书本上的知识，因为他发现神学与经院哲学有许多是陈词滥调，而且与新兴的自然科学背道而驰。于是，他下决心去认识和了解自然，用他的话说，便是“去读世界这本大书”。

2. 应征难题，偶遇良友

随着年龄的增长，笛卡尔的身体也逐渐好转，能适应军旅生活。1617 年 5 月间，笛卡尔到荷兰，投入澳伦治(Orange)公爵军队中。军队流动性大，便于游历各国，去读世界这本大书。

一日军中无事，笛卡尔信步走上街头，见一些人围着一张招贴，便凑上去观看。因是荷兰文，便请旁边一人帮他译成拉丁文或法文，此人恰是多特(Dort)学院院长毕克曼(Beeckman)，他答应了笛卡尔的要求，原来是一张挑战书，列有难题，广求解答。笛卡尔只用了几小时，便将此题破解，毕克曼极为佩服，而笛卡尔也由此得到鼓舞，知道自己有数学才干，萌发深钻数学的念头。于是，在毕克曼的规劝下，结束了戎马生涯，一心从事数学的研究。

笛卡尔十分感谢毕克曼的劝导与帮助，并把自己的书献给他，他在书中写道：“你呼唤了我心中几乎被我完全遗忘的科学兴趣，你把一个业已离开科学的心灵，带回最正当、最美好的路上。”足见毕克曼对他影响之大。

3. 日思夜梦,创解析几何

自古以来,数学就分为几何与代数两大分支,几何是以图形的形状、大小和位置关系为其研究的对象。图形众多的性质,都是在不多的几组公理的基础上,依逻辑推理繁衍而成。所以自欧几里德《原本》问世以后,几何就以严密的逻辑体系为人们所称道,不少著名的科学家如爱因斯坦等,回忆他们成长的过程,都提到曾受益于几何的训练。因此,几何课又被当成培养逻辑思维的最佳场所。

然而,赞赏几何严格证明之余,人们又常为其一题一证、巧思妙法因题而异不便掌握所困扰。事实上,一条关键的辅助线引不出来,就让人一筹莫展,严格论证随之陷入困境。几何学中严格论证不便驾驭这一缺陷,早已引起许多数学家的关注,只不过束手无策。曾应征破解难题的笛卡尔,自然也被这一难题所吸引,特别是作为双栖(数学、哲学)科学家的笛卡尔,对此更多一份兴致和信念,因为寻求几何证明统一、简便且有规可循的程式,也是哲学中的方法论所应深入思考的问题。一贯喜欢沉思的笛卡尔更为这一影响深远的课题而着迷,终日深思。日有所思,夜有所梦。神奇灵感竟然在一个普通的梦中得以触发。

1619年11月10日晚上，笛卡尔躺在床上迷迷糊糊地进入了梦乡。他梦见自己用金钥匙打开了欧几里德宫殿的大门，遍地的珠子光彩夺目。他拿起一根线刚把珠子串起来，线断了，珠子洒了一地。突然，这些珠子都不见了，宫殿里顿时空旷如洗。这时，他看见窗前一只黑色的苍蝇疾飞着，眼前留下苍蝇飞过的痕迹——一条条的斜线和各种形状的曲线。这些不正是他最近全力研究的直线和曲线吗？笛卡尔呆住了。一会儿苍蝇停住了，在眼前留下一个深深的小黑点……笛卡尔从梦中醒来，刚才的梦境深深地印在他的脑海中，使他难以入睡。突然，笛卡尔悟出了这里面的奥妙：苍蝇的位置不是可以由它到窗框两边的距离来确定吗？苍蝇疾飞留下的痕迹，不正是说明直线和曲线都可以由点的运动而产生吗？笛卡尔兴奋极了，在他的回忆录中写道："第二天，我开始懂得这一惊人发现的基本原理。"这就是他建立解析几何的重要线索。

（《古今数学趣话》，四川科学技术出版社，1984年，第140页）

至于解析几何的基本思想是否在梦中所悟，那倒无关紧要。因为如果没有对几何与代数能否转化、又如何转化这一根本问题的长期思索，那么，苍蝇停在玻璃窗上这一司空见惯的现象怎会引起人们的注意和联想？笛卡尔的高明就在于他对“几何图形如何才能转化为代数对象”进行过反复的思考和多方的探索，虽一时未能开花结果，但这些思考和探索在头脑里的积累、过滤，却是培育创造、发明之肥沃的土壤。因此，苍蝇在窗上飞飞停停这一偶然又平凡的现象，才触发了久萦于笛卡尔心中的形数转化。苍蝇停留的位置，不就是几何中的点吗？飞过的痕迹也正是点的轨迹。表出点的位置和轨迹的形状，不正是早就企望着的转化？因此，不论是夜里所梦或白日所见，那窗的两条边棱在笛卡尔的心目中就幻化成似有神力相助的坐标轴，因为借助这两条坐标轴，几何的基本元素（点）便转化为代数的对象（一对有序的数组）。

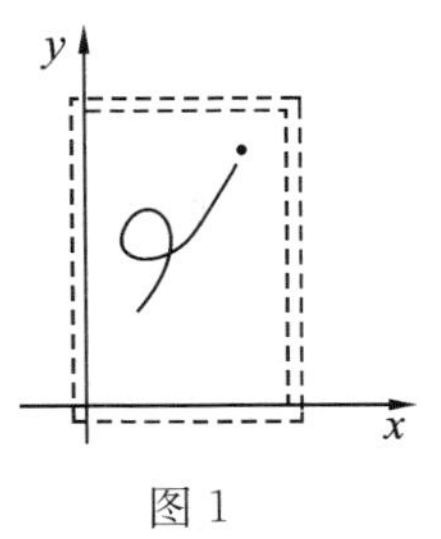

图 1

至今，世界各国仍把由两条相互垂直的坐标轴所确定的坐标，叫做笛卡尔坐标，因为在数学史上，这两条平凡又神奇的坐标轴的发现，具有划时代的意义，它标志着几何学的一个新纪元从此诞生。不仅在几何学中意义非凡，在整个数学史上的作用也不容低估。大家都知道微积分的出现是近代数学诞生的标志，而解析几何又是微积分产生不可或缺的基础。因为导数的两个主要来源(力学上的瞬时速度,几何中切线)都离不开变量。回顾笛卡尔发现的坐标,定点的坐标是常量,而动点的坐标必然要用变量来反映。因此,恩格斯在《自然辩证法》这部经典著作中,称赞说:“数学中的转折点是笛卡尔的变数。”著名的法国数学家拉格朗日则说:“当这两门学科(指几何与代数)结合成伴侣时,它们就互相吸取新鲜的活力,从那以后就以快速的步伐走向完善。”回顾微积分诞生以后,17 世纪数学蓬勃发展的历史,更加充分地显示出笛卡尔发现坐标的丰功伟业。

4. 女王盛邀,客死异乡

笛卡尔终身未娶,因此一个人常处在平静、舒适的生活中。愈到晚年,几乎是足不出户地待在家中,长时间地沉思。若不是一份远方来信,他可能就这样终其一生。

究竟是一份什么样的来信,竟然打破了笛卡尔长期的宁静生活?

原来是瑞典女王克里斯蒂娜仰慕笛卡尔的大名,特意邀请他去宫廷讲授哲学。笛卡尔对此殊荣也并非无动于衷,而且还有一种潜在的期望,想在女王的支持下,完成他的未竟事业。但是斯德哥尔摩寒冷的气候,却令他心生畏惧,长居在那一片冰雪的

国度里，会失去现在温暖、宁静便于思考的生活。于是他提笔复信，请求免除“在女王陛下的国度里晒太阳的特权”，婉转地辞谢了女王的邀请。

克里斯蒂娜 7 岁便继承王位，原因是她父亲临终时讲：这个国家与其让一个女性化的国王统治，还不如让一位男性化的女孩来治理。于是她从小便被当成男孩来强化训练，不仅对冷暖的变化安之若泰，骑马奔驰几个小时也不知疲倦，因此有着坚强的意志。

同时，克里斯蒂娜也有非凡的才干，不仅能用法语、德语、西班牙语和意大利语等多种语言流利地与人交谈，而且还是个颇有造诣的语言学家，对哲学的兴趣更高。笛卡尔当时已誉满欧洲。因此，女王决心把这位声名显赫的哲学家请到皇宫来。于是，派了一艘由海军元帅指挥的军舰和一个特别使团，于 1649 年 6 月专程去接这位犹豫不决的哲学家。

笛卡尔到达斯德哥尔摩之后，不适应寒冷的气候，倒在意料之中。与女王会晤的时间则大出意外。女王白天政事繁忙，但又精力过人，她规定每天早晨 5 时，在宫里听笛卡尔讲解哲学，这对长期养成早上躺在被窝里沉思的笛卡尔，实在是难以适应的。但也别无选择，只好咬着牙，勉强这样过了 4 个月。一天早上，他在去皇宫的路上，突感一阵寒战，接着病倒在床，被确诊为肺炎。女王派了德国医生为他治病，但因体弱又错过时机，已回天无力。

1650 年 2 月 11 日，笛卡尔睁开眼睛，无力地问道:“几点钟了?”

“早上4点。”

他说:“该起床了,女王正在等我。”他想坐起来,但实在太困倦了,没有一点力气,只轻声说了一句“灵魂该起床了”。

这是笛卡尔留给世人的最后一句话。笃信灵魂不灭的哲学家,临终想到的还是灵魂可以去完成躯体已无力完成的任务。

猜想大师——费尔马

费尔马(P. Fermat, 1601～1665),法国业余数学家,对数论、解析几何和概率论都有重要贡献,还是解析几何创始人之一。

1. 业余数学家之王

费尔马生于法国南部，土鲁斯(Toulouse)附近的一个皮革商家里。自幼聪明，喜欢读书，兴趣广泛。长大之后，攻读法律，当过律师与法官。因清廉正直、办事公正，深受人们的信任与敬重，故被选为土鲁斯议会议员。

费尔马博学多才。不仅有丰富的法律知识，而且见多识广，还是精通多种文字的语言学家。

数学，是费尔马的业余爱好，而且起步较晚。他年近 30 才开始关注数学，并立即产生了浓厚的兴趣。经常与当时著名的数学家笛卡尔、巴斯卡、梅森等通信，讨论、切磋各自发现的众多问题，直到 64 岁去世。30 多年来在数学、物理众多分支中，留下了宝贵的文化遗产。

费尔马生性淡泊、好静，对数学的钻研，全随兴之所至，且常有所得，但无心著述，无意发表，因此，没有留下系统的著作。他的许多成果，是从遗留的故纸堆中，被人找出。甚而有些大的成果，是他读书过程中，一时发现而记在书的空白或边缘处，如著名的费尔马大定理。

有心栽花花不开，无心插柳柳成荫。费尔马本不是数学科班出身，起步又晚，仅出于兴趣而硕果累

累，终成一代数学大师，并被誉为业余数学家之王。究其原因，正如爱因斯坦一句名言："热爱是最好的老师。"因为热爱，一有空闲，便会主动地学习，积极地思考。更因没有功利的羁绊，全身心投入到数学王国里，才天马行空，任意驰骋；思维在如此轻松、自在的境界里，这种创见、那种猜想，才会毫无约束地不断地迸发出来。

2. 轰动一时的费尔马猜想

自然数产生最早，它的运算简单、适用，让人容易入门；它吸引着一代又一代的数学家去探索、挖掘；它深藏于内的许多奥妙，更激励着许多学者、志士为之奋斗，甘愿献身。正因如此，高斯称"数学是科学之王，数论又是数学之王"。

作为业余的爱好，费尔马也是首先进入数论的领域，并有众多的建树。现在先介绍一个以他名字命名的数。

英国数学家梅森研究了形如

$$M_p = 2^p - 1，其中\ p\ 为素数$$

的梅森数。费尔马进而考虑：将其中的减号改为加号，即形如 $2^m + 1$ 的数。对此，他立即发现：当 m 有一奇数因子，即 $m = (2k+1)l$ 时，$2^m + 1$ 便为合数，因为

$$2^m+1=(2^\ell)^{2k+1}+1$$
$$=(2^\ell+1)[(2^\ell)^{2k}-(2^\ell)^{2(k-1)}+\cdots+(-1)^{2\cdot 0}]$$

由此可知

仅当 m 只含 2 的因子，2^m+1 才可能是素数。

m 只含 2 的因子，其形为 $m=2^n$，由此又知：在 2^m+1 中，

只有形如 $2^{2^n}+1$ 的数，才有可能是素数。

可能≠必然，要使这可能变成必然，那就离不开严格的证明。然而，严格的证明又谈何容易，不过，对较小的 n 进行检验倒非难事。对 $n=0,1,2,3,4$ 这几种情形，费尔马一算皆为素数。于是他大胆地猜想

对任意的 n，$2^{2^n}+1$ 皆为素数。

对素数，早就盼望有一个公式，照着计算，便可得出无穷多的素数来。因此，猜想一出，便立即引起人们的极大关注，但要证明，却非易事，甚至无从下手。直到费尔马去世 67 年后，由欧拉算出

$$F_5=614\times 6700417$$

才推翻了这一猜想。

费尔马这一猜想虽被否定了，但后来高斯在研究用尺规作正多边形时，又发现了这种费尔马数的用处，即

当 F_n 是素数时，正 n 边形便可用尺规作出

于是，F_n 是不是素数，又是值得关心的一个问题。

此外，费尔马在与梅森通信中，还提出了许多定理与猜想，揭示自然数的一些奇妙性质。

3. 妙趣横生的猜想

古代操练队伍，常布成方块形式，整齐美观，又便于计算人数。一个方块的人数，恰是一个自然数的平方。

因此，研究一个数，能否拆成两个数的平方和，便能体现和应用到队伍的排阵上。

费尔马经过探索，发现

$$4\times1+1=5=1^2+2^2$$

$$4\times3+1=13=2^2+3^2$$

$$4\times4+1=17=1^2+4^2$$

其中，缺的 $4\times2+1=9$，不能表成两个数的平方和，费尔马经过分析、对比，认为毛病出在：9 是一个合数。于是，再考察下一个这种形式的素数，果然也有

$$4\times7+1=29=2^2+5^2$$

继续检验，屡试不爽。据此，费尔马于 1640 年 12 月 25 日，给梅森的信中提出如下的猜想

当 $4n+1$ 是素数时，则它可唯一地表成二平方数之和

费尔马确信这个命题为真，但证明并非易事。19 年

后，他给朋友信中说道：可用“无限递减法”去证，但没给出具体的过程。直到 1749 年，才由欧拉给出了严格的证明。

可贵的是，费尔马并未到此止步。他熟悉勾股数，一眼看出 $4n+1$ 的前两个数

$$5=4\times1+1,\qquad 13=4\times3+1$$

正好是两组勾股数中的弦长，即有

$$5^2=3^2+4^2,\qquad 13^2=5^2+12^2$$

费尔马并没有放过这种“巧合”，而是进一步考察下一个数 $4\times4+1=17$，细心分解，果不出所料，17 也属一组勾股数

$$17^2=289=8^2+15^2$$

的弦长。于是，费尔马又猜想

当 $4n+1$ 是素数时，$(4n+1)^2$ 也是两数平方之和

检验下一个，$4\times7+1=29$，仍然有

$$29^2=841=20^2+21^2$$

有兴趣的读者，还可以继续印证。因猜想已被证实，故继续去计算、分解，意义不大。

更可贵的是，费尔马并没满足这已经是深入了一步的发现，而是继续朝高一个层次去探索，因而又有新的收获

$$5^{2\times2}=25^2=7^2+24^2=15^2+20^2$$

$$13^{2\times2}=169^2=65^2+156^2=118^2+120^2$$

$$17^{2\times2}=289^2=136^2+255^2=161^2+240^2$$

据此，费尔马又料到

当 $4n+1$ 为素数时，$(4n+1)^{2\times2}$ 也可表

为两个数的平方和，且有两种表示法

费尔马不愧是一位猜想大师。他“穷追不舍”，朝着更高次方，继续去探索深藏于这类数中的奥妙。经过大量的计算，细心的分解，终于得出

$$5^{3\times2}=125^2=21^2+122^2=35^2+120^2=75^2+100^2$$

$$13^{3\times2}=4913^2=828^2+2035^2=845^2+2080^2$$
$$=1547^2+1560^2$$

$$17^{3\times2}=4913^2=1459^2+4888^2=2312^2+4335^2$$
$$=2737^2+4080^2$$

依此，又得出新的猜想

当 $4n+1$ 为素数时，$(4n+1)^{3\times2}$ 也可表

为二平方之和，且有三种表示法

再对 $(5^4)^2$，$(13^4)^2$，$(17^4)^2$ 计算、分解，再对比、归纳。推而广之，便得出最一般的猜想

当 $4n+1$ 是素数时，$(4n+1)^{k\times2}$ 也可表

为二数的平方和，且有 k 种表示法

方队合并的问题，直角三角形的勾股数，都是自古以来，大家都熟悉的、也很普通的问题。可在费尔马手中，就像魔术师神奇的小盒，不断抖出五彩缤纷的众多花样。让人眼花缭乱、惊奇不已！

4. 引出一串故事的难题——费尔马大定理

费尔马在数论这个领域里，涉足最深，成果最丰。作为小故事，不可能一一列举。正因为他作出了许多开拓性的贡献，引导和启示着一代又一代的数学家，沿着他的足迹继续奋斗，因此，数学史上有人称他为数论之父。

费尔马在数学上的众多贡献中，最有名、且繁衍出许多富有传奇色彩的趣闻逸事，莫过于费尔马大定理。对此，我们择其要者，慢慢叙说如下。

(1)定理及其来源

既有大定理，当然也有小定理。故一并介绍如下

费尔马小定理

设p是素数，且与a互素，则$a^{p-1}-1$被p整除

费尔马大定理

当$n>2$时，$x^n+y^n=z^n$无正整数解

小定理是费尔马于 1640 年 10 月 18 日，给友人贝西的一封信中提出的，但没给出证明。过了将近 100

年，才由欧拉于1736年给出严格证明。小定理至此便画上了句号。

（2）绝妙的证明?!

费尔马大定理，表面观之，似比小定理还要简单、容易得多。产生这种误解的原因：一是题意易于了解。学过算术的小学生，也能明白题目的意思。二是我们熟悉的勾股数，并不难。我国两千多年前的商高，就知道一组勾股数

$$3^2+4^2=5^2$$

因此，我们也常将直角三角形的勾股定理称为商高定理。

用公式表出无穷多的勾股数

$$a=m^2-n^2, b=2mn, c=m^2+n^2$$

也早被人发现。而费尔马大定理，只是说明：勾股数，不能推广到高次方而已，有何难哉！

费尔马大定理，是在他去世之后，整理遗物时发现的。费尔马生前常读丢番都的《算术》一书（丢番都是古希腊著名数学家，被推崇为代数学的鼻祖。许多不定方程常称丢番都方程，就是因为他首先系统地研究这类方程，《算术》是他的一部代表作）。在此书第2卷第8命题（将一个平方数分为两个平方数）处，他在旁边用文字写下了上述的大定理，接着写的是

我确信已发现一种绝妙的证法，可惜这里的空白太小，写不下。

正是这句话，更加深了人们对大定理易证的误解；也是这句话，使不少世界一流的数学家为之竞折腰；更不说广大的数学爱好者，为之耗费大量时间和精力，但毫无所获。

(3)艰难又漫长的征途，三次大奖

费尔马大定理一出，至今三百多年来，说它吸引了千军万马为之征战，也不为过。其中既有广大数学爱好者，也有许多著名数学家，如欧拉、勒让德、高斯、阿贝尔、莱布尼兹、狄利克雷和柯西等。有的甚至为此献出了毕生的精力。当然，也有创建奇功的佼佼者，荣获大奖。

费尔马大定理尽管艰难，但对具体的 n，譬如 $n=3$、4，难关还是可以突破。但即使这特殊的情形，进展也很缓慢。最初攻克的几个胜利者，如下表

n	时间	数学家
4	1376	贝西
	1678	莱布尼兹、欧拉
3	1670	欧拉、高斯
5	1823	勒让德(已 71 岁高龄)
	1825	狄利克雷(年方二十的青年)
7	1839	拉姆

自 1665 年费尔马去世算起，至 1839 年，长达 174 年才解决四种特殊情形。离无穷无尽的 n，还不及九牛一毛，单靠一个一个地解决，不知要等到哪年哪月。

直至库默尔的出现，局面才有了较大的改观。

库默尔(E. E. Kummer,1810～1893),德国数学家,柏林大学教授。他从神学转到数学,并师从高斯、狄利克雷,才华得以显露。

库默尔花了二十年的工夫,他另辟蹊径,一举证明 $p<100$(除 $p=37$、39、57 三个例外)的时候,费尔马大定理皆真。

更重要的是,为证明费尔马大定理,库默尔创立了理想数论,为数论开辟了一条新的道路。

由于库默尔这一开拓性的贡献,1857 年,法国科学院给他颁发了三千法郎的金质奖章。

之后便是逐渐推进 p 的上限。

第二次突破,是美国数学家曼福德(D. B. Mumford,1937～)证明了

> 若 $x^n+y^n=z^n$ 有整数解,那么这样的解是"非常少的"。

因为这一成果,曼福德于 1974 年荣获国际数学最高奖——菲尔兹奖,时年 37 岁。

第三次突破,是在 1983 年,德国的 29 岁青年数学家法尔廷斯(Faltings,1954～)证明了

> 若 $x^n+y^n=z^n$ 有整数解,最多只有有限个。

这比"非常少"还要少得多!因为"非常少",也不排斥有无穷多。譬如说:一百万个里有一个,该"非常少"吧!但无穷个自然数中也有无穷个一百万呀!因此,1986 年法尔廷斯也获菲尔兹奖。

(4)平凡而又神奇的曲线

这里,我们从图象上,再现一下费尔马大定理。以便对它的困难有一直观的了解。为此,先看一下勾股数的几何意义。

$$x^2+y^2=z^2\text{有正整数解}$$

等价于

$$X^2+Y^2=1\ \text{有正有理数解}$$

因为 $X=\frac{x}{z}$,$Y=\frac{y}{z}$,而 x,y,z 是整数,则 X,Y 便是有理数;反之,X,Y 是有理数,只需通分,即可求出前者的整数解。

然而,转化的优点在于:后者少了一个变量,因此可以在坐标平面上表示它。中学生都知道

$$X^2+Y^2=1\ \text{表示单位圆}$$

因此,有一组勾股数 3、4、5,相应的便是有两个有理点$\left(\frac{3}{5},\frac{4}{5}\right)$,$\left(\frac{4}{5},\frac{3}{5}\right)$在单位圆弧(位于第一象限)上。

单位圆弧经过有理点,并不奇怪。因为平面上的有理点“密密麻麻”。奇怪的倒是:竟有曲线不过任何有理点。费尔马大定理,正是这种非凡曲线的体现,因为

$$x^n+y^n=z^n(n>2)\text{无正整数解}$$

等价于

$$X^n+Y^n=1(n>2)\text{无正有理数解}$$

为了看清后者的图象,先定一下范围

$$\because\quad X^n+Y^n=1,\text{且 }X>0,Y>0$$

∴　$X \leqslant 1, Y \leqslant 1$

设 E、F 和 G 的坐标分别是(1,0),(1,1)和(0,1),于是曲线族 $X^n + Y^n = 1$ 皆位于第一象限的正方形 $OEFG$ 内。

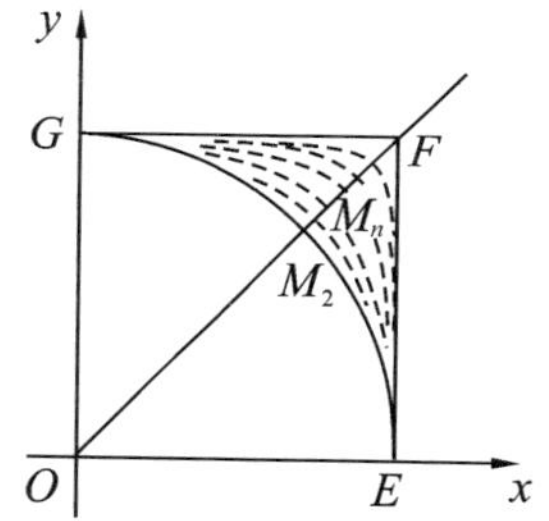

其次,解联立方程

$$\begin{cases} X^n + Y^n = 1, \\ Y = X \end{cases}$$

便得它们的交点 $M_n\left(\frac{1}{\sqrt[n]{2}}, \frac{1}{\sqrt[n]{2}}\right)$,

∵　$1 < \sqrt[n]{2}$ 且 $n \to \infty$ 时,$\sqrt[n]{2} \to 1$

∴　$\frac{1}{\sqrt[n]{2}} < 1$ 且 $n \to \infty$ 时,$\frac{1}{\sqrt[n]{2}} \to 1$

∴　当 $n \to \infty$ 时,$M_n \to F$

由此可知:$X^n + Y^n = 1$ 代表的费尔马曲线,它们在正方形 $OEFG$ 内,从圆 $X^2 + Y^2 = 1$ 开始,随 n 的增大而向外凸出,且无限地靠近正方形两边 EF、FG,因此,从表面上看,它们与圆一样平凡。

然而,费尔马大定理却说:费尔马曲线不过任何有理点!

这就怪了!正方形内的有理点“密密麻麻”。密密麻麻还不足以形容有理点的稠密。数学上的稠密是指:任意两个有理点,不论它们多么靠近,在这两点之间还有无穷多有理点。费尔马曲线 $X^n + Y^n = 1$ 随 n 的增大,又在正方形两边 EF、GF 处无限密聚。难道这一族曲线,个个都有孙悟空的本领,或崂山道士的法术，专从那根本看不见的空隙里，钻来钻去，竟不碰那密密麻麻的有理点！

费尔马曲线确有这种神奇的本领。这便是费尔马大定理的几何意义。

这既是费尔马大定理在直观解说，也是费尔马大定理所蕴涵的深刻属性。

因为 $X^n+Y^n=1$ 是代数曲线。深入研究代数曲线的内容与分类，属于代数拓扑学。这也是为什么一个看似普通的数论问题，要用解析数论、代数拓扑的高深知识，才能完全解决的道理。

(5)奖金与奖章

由于费尔马大定理难度太大，进展缓慢，一百多年才解决了个别几种情形。为了激发人们继往开来，迎难而上，力克这道世界难题，先后有三个国家为此悬奖征解。

法国是费尔马的祖国，也为这样一个世界名题出自法国而感到荣耀。因此，法国科学院于 1823 年、1850 年两次提供金质奖章和 3000 法郎的奖金，奖励证明费尔马大定理成绩显赫者。

西班牙的布鲁塞尔科学院也以重金悬赏。

德国，则是数学家沃尔夫斯克尔(Wolfskel)私人捐赠，1908 年他留下遗言，将 10 万马克赠给哥廷根皇家科学会。并明确表示：作为奖金，授予第一个证明费尔马大定理的人，限期 100 年，到 2007 年取消；

在奖金发出之前，所得的利息用来奖励数学上作过重大贡献的人。

10 万马克的重奖，掀起了研究费尔马大定理的高潮。当年许多热衷于“几何三大作图问题”的人，纷纷投身于费尔马大定理的麾下。应征者更多的是社会各界，人数之多，范围之广，都是空前的。

(6)兰道明信片

由于重奖的激励，声称已经证明费尔马大定理的稿件，纷至沓来。连有些大数学家刚宣布证明，便被人指出破绽。何况绝大部分数学爱好者，因缺乏必要的知识，更是错误百出。

据统计，单就 1908～1911 的三年间，就收到了一千多份证明。为了减轻审稿复信的沉重负担，著名的数论专家兰道(Landan，1887～1938)，出了一个主意，特地印制了一批专用明信片，上面印着

> ________先生(女士)
>
> 您对费尔马大定理的证明已经收到，现予退回，第一个错误出在(第____页第____行)
>
> ____年____月____日

兰道将这些明信片，分发给他的学生，让他们填上相应的数字。这样，才使答复的工作大为减轻。

这一做法，也值得我们借鉴。因为自从徐迟报告文学《哥德巴赫猜想》发表之后，我国数学爱好者

和青少年，也出现了一个研究哥德巴赫猜想的热潮。他们并非冲着奖金，而是受陈景润执着精神的感染。我们研究机构是否也能拨一点基金，印刷专门的信函，指出错误，善意相劝，使这些精神可嘉的有志之士，少走歧路？

(7)迟到的荣誉——征途上的一位女将

在进军费尔马大定理的征途中，不能不提到法国女数学家热尔曼(S. Germain，1776～1831)，她证明了：当 x,y,z 与 n 互素，则 $n<100$ 时，费尔马大定理成立。之前，只证明到 $n=14$，因此这是一个极大的进展，也是进一步攻坚的基础。库默尔首先取消了互素的限制，接着逐步提高上限。

对费尔马大定理作出重大贡献的女性，热尔曼是全世界唯一的一个。在此顺便介绍一下她那富有传奇色彩的身世。

热尔曼出身于一个商人家庭。经商的父亲，还是法国议会的议员。家中藏书甚丰，是她能够自学的优越环境。

热尔曼是独生女，自幼聪敏，学习入迷。父母担心过多的熬夜影响她的身体。于是，晚上拿走卧室里的灯，并关闭暖气，想以此逼

她就范，使她早些休息。但这并没有起到任何作用，热爱数学的热尔曼，仍继续熬夜学习，因为她早准备好蜡烛。待到次日早上，她父母看见点剩的蜡烛和结冰的墨水瓶，既心疼女儿，又为女儿的志气和毅力所感动。于是，转而支持女儿的爱好与志向。

当时，法国还没有妇女上学的自由。热尔曼设法找到了一份拉格朗日讲授数学分析的讲义，经过自学，颇有所得。以笔名写了一篇论文，寄给拉格朗日。拉格朗日极为赞赏，料到将是一位颇有前途的数学家。所以自愿当她的数学顾问，经常给予指导。

热尔曼自学高斯的名著《算术研究》，又有所获。于是，化名“布朗”，给高斯写信。高斯欣喜异常，认“布朗”为难得的知音。从此书信不断，共同探讨许多数论问题。

热尔曼与勒让德的通信，实际上是一种科研的合作。因此，勒让德一版再版的巨著《关于数论的研究》，就包含着热尔曼的不少成果。有的还名为热尔曼定理、热尔曼素数等等。

热尔曼在应用数学上的贡献，也极为出色。德国物理学家的一个弹性片曲面振动的生动实验，到处巡回演示，但没有数学模型来描述。为此，法国科学院悬赏征文，要求数学描述与实验结果完全一致。热尔曼经多年不懈地努力，写出三篇论文，作了完美的回答。首创女科学家获法国科学院金质奖章的先例。

热尔曼虽然博学多才，她的成就也超过了博士、教授的水平。但因她没机会上大学，没有任何学位，因而也进不了大学去施展她那非凡的才华。后经高斯力荐，哥廷根大学授予她荣誉博士学位。以此为转机，环境也会随之改观。令人遗憾的是，当博士学位的佳音从柏林传到巴黎时，热尔曼已与世长辞！但热尔曼死而无憾。因她重大的成就在数学史上永放光芒，她坚持自学的决心和毅力，她勇攀科学高峰的精神，都值得全世界妇女为之骄傲。

(8)几位大数学家的无奈

大名鼎鼎的高斯，曾试图证明 $n=7$ 时的费尔马大定理，久证未果。失败后的无奈，流露在给他友人奥尔伯斯的信中：

> 我的确认为，费尔马大定理作为孤立的命题，对我已经没有多少兴趣，因为可以容易给出许多那样的命题，人们不能证明它们，也不能否定它们。

这是一种无奈的自慰。高斯说的“许多那样的命题”，当然也包括哥德巴赫猜想。取得进展的，独建奇功的，不仅兴致勃勃，还认为深研这些问题很有价值。因为它能创造出破解难关的新方法，又能推动着数学的深入发展。

高斯没有解决的 $n=7$ 的情形，1839 年被法国数学家拉姆(G. Lame,1795～1870)成功地证出。虽说有点繁复,但严格无误,突破了一道较难的关口。

成功的喜悦,使拉姆鼓起再创辉煌的勇气。经过数年的钻研,他宣布:利用库默尔所创的分析整数论,一举证明费尔马大定理。他没料到,在一次报告会上刚讲完证明的概要,刘维尔便站起来质疑,指出一处不妥。然而,这篇有错的论文,此时已经发表在法国科学院的报告上,传遍数学界。他给柏林的学友狄利克雷写信说:要是你在巴黎,或者我在柏林,这一切便不会发生。流露出懊丧和追悔莫及的心情。

最后再介绍一下勒贝格(Lebesgue,1875～1941)。勒贝格积分、勒贝格测度,是近代分析最基本也是最重要的两个概念,因此,他是近代分析的开创者与奠基人。拉姆对 $n=7$ 的证明,就是勒贝格巧妙地给以简化。晚年他也致力于费尔马大定理的证明。他曾给法国科学院递交了一份报告,声称已完全证出费尔马大定理。

由于勒贝格的声望,大家都以为久悬三百年来的问题又被法国大数学家征服了,都为此感到欢欣鼓舞。谁知,一批数学家审查之后,不得不失望地宣布:证明也有错误。勒贝格接到退稿后,尴尬地自语:“我想这个错误是可以改正的。”毕竟功底深厚,尚未灰心丧气。但是年岁不饶人,直到他去世这个错误也未改正过来。

几位大数学家，尚且在征途上栽了跟头。我们更不应去讥讽、嘲笑广大数学爱好者的挫折和失败。他们多是有志的青年，倘有正确引导和适当鼓励，再发挥他们的年龄优势，前途岂可限量！

图为纪念费尔马大定理的法国邮票（2001 年）

引无数英雄竞折腰、又造就一批才俊之辉煌的费尔马大定理，因出自法国，为纪念在数学史上引起轰动，又延续三百年来的大事。2001 年法国特发纪念邮票。

(9)会下金蛋的鸡

1900 年，希尔伯特在第二次国际数学大会上，提出了著名的 23 个问题，引导着 20 世纪数学的发展。但费尔马大定理，却未列入其中。对此有一个传闻：据说，希尔伯特曾讲，他能证出费尔马大定理，只是不愿公布而已。因为他觉得为要证明费尔马大定理，需要开辟新的途径，创立新的理论和新的方法，一旦解决了，这些有益的作用便会丧失。他还形象地说：

我们更应注意，不要杀掉这只经常为我们生出金蛋的母鸡！

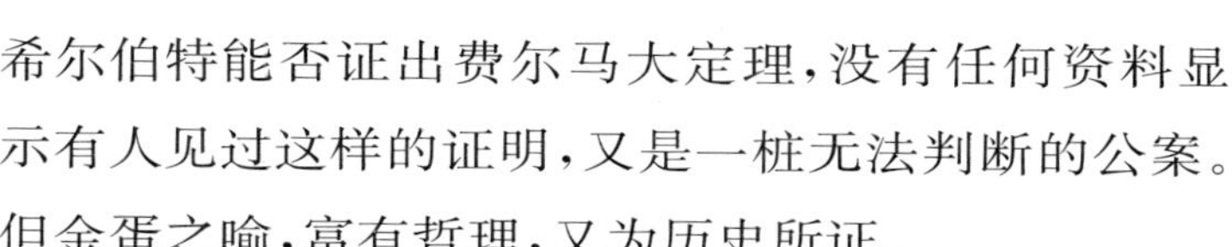

希尔伯特能否证出费尔马大定理，没有任何资料显示有人见过这样的证明，又是一桩无法判断的公案。但金蛋之喻，富有哲理，又为历史所证。

(10)千古之谜，一点教训

历时三百多年，许多成绩卓著的数学大师，在费尔马大定理问题的征途中，或屡遭挫败，或闹出笑话，甚至还有耗尽毕生心血而饮恨终生。人们不免对费尔马留下的那两句：

> 我已发现一种绝妙的证法，可惜这里空白太少，写不下。

产生了怀疑，说广大数学爱好者，难以想出费尔马的妙法，或有几分可信。但三百多年来，一代又一代的数学家，他们或者以重大贡献在数学史上写下光辉的篇章；或者以突出成就领一代风骚。如果说他们费尽心血，也根本发现不了这么绝妙的证法，就让人难以置信。因此，有人估计：这绝妙的证法根本就不存在。也有人讲，智者千虑，必有一失。费尔马没写出的绝妙证法，其中可能有漏洞，只是费尔马自己并未察觉到而已。正如上面提到的拉姆、勒贝格一样，或者像阿贝尔最先写出的五次方程的解法，有漏洞，不但自己没有发觉，连当时的著名数学家也察觉不到一样。

另外，也有人相信，那绝妙的证法曾出现在费尔马的脑海中。理由是：费尔马曾发现和征服了数论中不少的难题。其方法都是高招，备受人们的称道。既是解析几何创始人之一，又为微积分和概率论的奠基，作出了可贵的贡献。在数学上如此才华横溢，再发现一个绝妙的证法，也合情合理。再回顾费尔马的一生，淡泊名利，无心著述的清高，因空白处不够而未写下那巧妙的证明，也符合费尔马一贯的品行。这种主张的人还反驳说：

几代人都发现不了≠费尔马也发现不了！

依“谁主张，谁举证”的原则。三百多年来，谁也搜集不出新的有关资料。因此费尔马那绝妙的证明，已成千古难解之谜！

其实，事隔三百多年，考证那绝妙证法的有无，因缺乏资料，恐难实现。倒不如从中吸取一些应有的教训，还有利于我们的学习和创造。

综观许多科学家的小故事，有的发明实属意外，或出于无心；有些创造，萌发于偶然，或者诞生于巧合。这一切，在主观上是灵感，在客观上是机遇。灵感消失了，常难再生；机遇错过了，时不再来。因此，及时牢牢记下那些一遇难再的灵感，让它在我们的精思细研之中，慢慢发酵，便会酿出味醇气香的美酒。

“好记性不如烂笔头”，“最淡的墨水也胜过最强的记忆”。这些有益的格言都提醒我们：及时用笔写下那突发的灵感。即使不算灵感，只要是新的想法、

好的念头，便不要轻易放过，如果再慢慢地去培养，细心地去浇灌，那闪念的种子就会逐渐开出鲜花，结成硕果。瓦特发明蒸汽机，魏格纳创立的大陆漂移说等众多的发明轶事，都是把那最初的“一闪念”培育成硕果的最好例证。

在我国，也有一个随时记下灵感，终成一代大诗人的典型事例。现附录于下：

附录：李贺的锦囊

李贺字长吉，七岁时，即能作诗。当时，开一代文风的著名文学家韩愈，初闻难以相信，专程去李贺家中，以探虚实。不料出题后，果能即刻赋答，且答得出色！韩愈又惊又喜，还带回自己家中，小住数日，给予指导。

李贺不仅自幼显露才华，而且注意积累素材。他经常带上锦囊出门游历，观察自然，体验生活。每当触景生情，或有好构思，或想到精彩的辞句，便立即从锦囊中，取出纸笔，写在纸片上，放在锦囊之中。待到晚上回到家中，拿出这些纸片，对着油灯，就依记下的这些一鳞半爪，只言片语，勾起当时的情景，进行艺术加工，创造出感人的诗篇，再放入另一个锦囊之中。

由于他从不放过随时出现的感触，又立即记下一时突现的灵感，再加上精心提炼，所以他的诗以意新语奇、精辟动人而著称。更不乏广为流传脍炙人口的佳句。如

黑云压城城欲催，甲光向日金鳞开。

《雁门太守行》

衰兰送客咸阳道，天若有情天亦老。

《金铜仙人辞汉歌》

遥望齐州九点烟，一泓海水杯中泻。

《梦天》

我有迷魂招不得，雄鸡一声天下白。

《致酒行》

可怜日暮嫣香落，嫁与春风不用媒。

《南园十三首之一》

值得一提的是，毛泽东在他写的《七律·人民解放军占领南京》一诗中，最后两句“天若有情天亦老，人间正道是沧桑”。便借用了一句李贺的；又在《浣溪沙·和柳亚子先生》一词中，将李贺的“雄鸡一声天下白”演化为“一唱雄鸡天下白”，作为下阕的开头。另外，据毛泽东故居书房整理后的资料表明，毛泽东藏有多种版本的李贺诗集，而且每本都有阅时留下的圈画。还有毛泽东给陈毅的信中说：“李贺的诗很值得一读”。足见李贺锦囊汇集的佳句受人喜爱和推崇之一斑。

李贺的一生，虽然活了短短的二十七岁，但却给我们留下了丰富的文化遗产，他创作的那二百三十多首名篇佳作，在唐朝诗的王国里，也占一席重要的地位，与李商隐齐名，号称盛唐二李。

才华出众的费尔马，若能像李贺一样，随时记下他发现的奇方妙法，那三百来年，众多的数学家可能会因此而少浪费许多时间与精力。

(11)矢志不移，终登高峰

1963年，还在上小学的威尔斯(Andrew Willes，1953～，英国数学家)，偶从一本名叫《大问题》的课外读物中得知：费尔马猜想乃是世界著名的大问题，不觉感到奇怪：这么简单的问题，怎会是世界难题?!好奇心驱使他去试一试，劳而无功是当然的。虽说

毫无所获，但从此威尔斯爱上了数学，中学毕业以后，报考的是世界闻名的剑桥大学数学系。由于喜爱和努力，很快又获得剑桥大学的博士学位，后又被美国著名的普林斯顿大学聘为教授，以研究数学为他终生的事业。

1986 年，已奠定深厚、扎实数学功底的威尔斯，又点燃了幼年时的愿望——攻克费尔马猜想这道世界名题。与以往不同的是，他现在更深知其中的艰难，虽攻坚的利器在手，也需长期的探索，因为要走的路还不那么明确，更不敢说胜券在握。

于是，威尔斯闭门谢客，把自己关在家中的小阁楼上的书房里。室内除一供演算、书写的桌子以外，到处都摊满了有关的书刊。他先是研究前人已有的结果，或者找出失败的原因，同时还多方去探索新的途径。反复推演，不断核算，行不通时，再尝试新的方法。如此日复一日，年复一年，甘于寂寞，矢志不移。

这七年多坚持不懈的奋斗，其中的苦甜和收获只有威尔斯自己知道，他把这漫长而艰苦的探索过程，比喻为穿过黑暗而未知的大厦，他形象地说：

> 当你走入大厦的第一间房，里面漆黑一片，你在磕磕绊绊的家具碰撞声中探索着前进。慢慢地，你明白了每一件家具的位置。探索了约 6 个月之后，你终于发现电灯开关，你打开电灯，突然间一切都明朗了。你准确地知道你已走到哪里。接着你走进第二间房，又在黑暗中摸索了许久。

这样一次次地突破——有时很短暂，只用一两天时间——你达到了顶点。在这之前，不经过在黑暗中长达数月的磕绊摸索，顶点对你而言是不可及的。

天道酬勤，没有长期的勤奋，哪有丰硕的收获！

1993 年 6 月 23 日，在英国剑桥大学牛顿数学科学院的一次数学报告会上，隐身七年之久的威尔斯，使与会的 200 多位数学家大为惊奇！因为他在报告会上，密密麻麻地写了三黑板的算式，宣布久悬三百多年的费尔马大定理已被证明。世界数学界也为之震惊，当时《纽约时报》报道这一成就的标题是

终于，古老的数学艺术发出了“我找到了”的欢呼。

“我找到了”，指的是阿基米德为鉴别皇冠的真假，而发现浮力定律后的欢呼(见阿基米德篇)。

会后，威尔斯将他长达 200 多页的论文，交《数学发明》杂志发表。但依惯例，像这样重大的问题，还须经同行专家的审查。于是，一个由 6 名专家组成的小组，经过严格审查，发现一个重要的漏洞。威尔斯本人也承认这漏洞需要弥补。为此，他又回到那小阁楼上的书房里，又是一年多默默钻研，漏洞终于补严、并通过了权威的审查。历时三百多年的费尔马大定理终于画上了完美的句号。

荣誉、大奖接踵而至。以成败论英雄，古今中外，概莫能外，何况这轰动世界的著名难题。因此，当威尔斯补全的证明得到权威的肯定，世界上许多

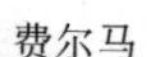

重奖纷纷向威尔斯招手。

1908年，德国数学家沃尔夫斯克尔，把10万马克的巨款赠予哥廷根皇家科学会，目的是用来奖励完全证明了费尔马大定理的人，此奖限期100年，即到2007年为止，1997年6月，500多名数学家聚集在德国哥廷根大学的大会议厅内，参加沃尔夫斯克尔奖的授奖大会。威尔斯自普林斯顿专程赶来，接受等了90年的这一最高奖赏。以设奖的当年折算，10万马克约值200万美元。

1996年3月24日，以色列总统将1995～1996年度的沃尔夫奖（奖金10万美元）授予威尔斯和美国普林斯顿高等研究所的朗兰(R. P. Langlands).

1994年举行国际数学家大会时，威尔斯已过40岁，错过菲尔兹奖的获奖年限，但在下一届（1998年）的国际数学家大会上，则授予威尔斯以特别荣誉奖，意味着他已达菲尔兹奖的水平，只因年龄所限。

2005年，威尔斯荣获第三届邵逸夫奖中数学科学奖，奖金100万美元，故此奖有东方诺贝尔之誉。

因费尔马大定理的证明，三百多年来都是国际数学界一直关注的难题，而国际性的数学大奖也较多。因此，除上述各奖项外，威尔斯还可能再获其他重奖。因为攻克这久悬又著名的难题，也确实值得获奖，同时，费尔马大定理在国际数学界又太著名了，几乎是无人不知，无人不晓。奖给最终攻克它的英雄，也能提高奖项的声誉。因此，还会有些奖项接踵而来，便是可以预料的。

揭无穷奥秘的集合论之父——康托尔

康托尔(G. Cantor，1845～1918)，犹太后裔，1845 年生于圣彼得堡。1918 年卒于德国。17 岁考入苏黎世大学，19 岁获博士学位。一生以创造集合论备受后世的推崇。著名雕塑家用大理石雕刻的康托尔胸像，如今还安放在他长期工作的哈勒大学内，当时，象征世界数学界最高荣誉的西尔威斯奖章，也于 1904 年由英国皇家学会授予他，以表彰他在数学发展中的深远影响。

1. 揭无穷之奥秘，建系统之理论

集合概念由来已久。例如问什么叫圆周？在平面上，

到定点(圆心)的距离为定长(半径)之点的轨迹叫圆周

这轨迹就是点的集合。单有集合这一概念并不稀奇，奇的是要对这般常见的集合，问几个我们不曾想到又难以理清的问题：

圆周上的点究竟有多少？如何去表述它？

圆周比直径长，点也比它多吗？

圆内的点是不是又比圆周上的点多得多？

正是这些我们不曾想过，又似是而非的问题，康托尔给出了深刻而准确的回答，其蕴涵的思想影响深远，所阐发的内容更引人入胜，他所用的方法极富创造性。由此看来，康托尔被尊为集合论的祖师爷，不在平凡的概念，而在深刻地揭示了无穷的奥秘，因此要了解康托尔伟大的历史功勋，不能不从无穷讲起。

最简单的又是我们最熟悉的无穷集，当首推自然数集

$$N=\{1,2,3,\cdots,n,\cdots\}$$

人们早就发现，所有的偶数虽然是它的子集，但却能

与它建立一一对应，即有

$$\begin{array}{|c|}\hline N=\{1,2,3,\cdots,n,\cdots\} \\ \downarrow\ \downarrow\ \downarrow\qquad\downarrow \\ 2N=\{2,4,6,\cdots,2n,\cdots\} \\ \hline\end{array}$$

这就是说，它们中的元素个数是一样多，以下说“一样多”皆指能建立一一对应的两集合，不仅如此，还可找出更小的，稀疏的子集，与它也能建立一一对应，如：

$$\begin{array}{|c|}\hline N=\{\quad 1,\quad 2,\quad 3,\quad \cdots,\quad n,\cdots\} \\ \downarrow\qquad\downarrow\qquad\downarrow\qquad\qquad\downarrow \\ 100^N=\{100,10000,1000000,\cdots,100^N,\cdots\} \\ \hline\end{array}$$

再构造更稀疏又能一一对应的子集便不是难事，但已无本质的差异。因为它们在无穷集中都属名曰可列集的同一类型。顾名思义，能将所有元素排成一列的集合

$$A=\{a_1,a_2,a_3,a_4,\cdots,a_n,\cdots\}$$

就是可列集。因为其中的元素 a_n 与脚标 n 的关系，恰是集 A 与自然数集的一一对应。

因此，撇开元素的具体属性，就无稀密之别，关键在于是否可列。

再回到我们熟悉的数集上，除了自然数集，整数集都可列以外，再大的是有理数集，有初中数学知识的都知道：有理数在数轴上“密密麻麻”，即任意两个有理数 p,q 之间必有有理数，如它们的中点，见图 1。反复用这一性质还可推知：无论两个有理数多么接

近，它们之间还有无穷多有理数。这就是有理数的稠密性。

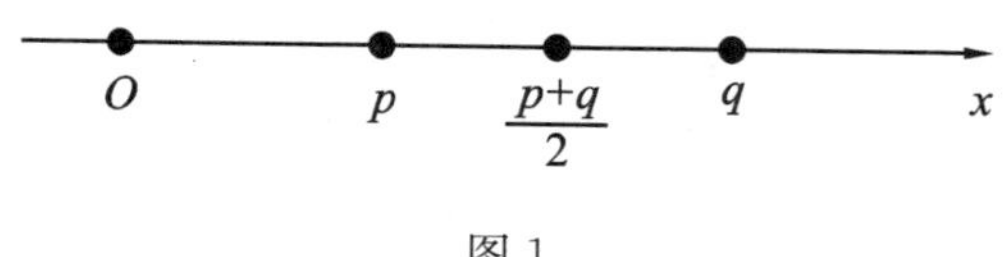

图 1

表面上看，这般稠密的有理数，恐怕不能排成可列集。康托尔深入分析了有理数的结构，发现的结论出乎我们常人的意外，有理数集竟然也是可列的。下面我们就来介绍这一重大发现。

先将有理数的分母、分子按纵、横排列如下表：

n \ m	1	2	3	4
1	$\frac{1}{1}$	$\frac{2}{1}$	$\frac{3}{1}$	$\frac{4}{1}$
2	$\frac{1}{2}$	$\frac{2}{2}$	$\frac{3}{2}$	$\frac{4}{2}$
3	$\frac{1}{3}$	$\frac{2}{3}$	$\frac{3}{3}$	$\frac{4}{3}$
4	$\frac{1}{4}$	$\frac{2}{4}$	$\frac{3}{4}$	$\frac{4}{4}$

这样，每个有理数都会在此表内现身，但有重复的，故先排除非既约的分数，如$\frac{2}{2}$，$\frac{3}{3}$，…，已在$\frac{1}{1}$中出现；$\frac{2}{4}$，$\frac{3}{6}$，…又与既约分数$\frac{1}{2}$一样；…

其次，将分子、分母之和相同的归为一组（位于同一斜线上），在每组中又以分子的大小排列

$$1;\frac{1}{2},2;\frac{1}{3},3;\frac{1}{4},\frac{2}{3},\frac{3}{2},4;\cdots$$

于是，正有理数便可排，之后再补上零和负有理数，每个负有理数排在与它绝对值相同的正有理数之后。这就有力地证明：有理数在数轴上虽然处处稠密，但就其元素的个数而言，并不比自然数集多。

现在要问：我们凡人的眼睛为什么看不出这一奥秘？**一是为稠密所蔽，二又为大小所误。**因为惯性思维常把我们引向按大小排列的老路，试想：我们哪能找到大于 1 又紧靠 1 的有理数？而康托尔的慧眼却穿过处处稠密与大小顺序的迷雾，只盯着有理数被二整数所唯一决定。整数集可列，两个整数集亦可列，如上表所示，

康托尔高人之处，不仅有这许多重大发现，而且还将它们引向深入，并系统化。现择其要点：

- 无穷集的本质是存在着真子集能与它成一一对应。

以此观之，偶数与自然数一样多，正是无穷集特征的体现。

- 任一无穷集皆有可列的真子集。

对于可列集又有一些基本的性质。

- 两个可列集并成一个新集，也是可列集。

显然，这一性质可推广到有限个，康托尔还把它进一步推广成

- 可列个可列集并成一集，还是可列集。

证此性质，又用到有理数排成一列的办法，即先将可列集并排于下

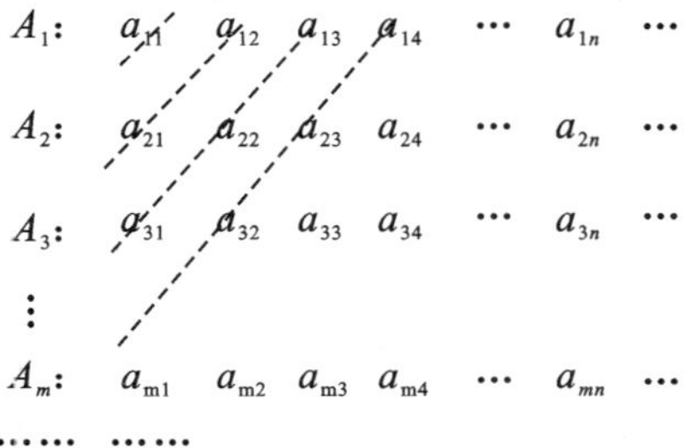

$$\begin{array}{lllllll} A_1: & a_{11} & a_{12} & a_{13} & a_{14} & \cdots & a_{1n} & \cdots \\ A_2: & a_{21} & a_{22} & a_{23} & a_{24} & \cdots & a_{2n} & \cdots \\ A_3: & a_{31} & a_{32} & a_{33} & a_{34} & \cdots & a_{3n} & \cdots \\ \vdots & & & & & & & \\ A_m: & a_{m1} & a_{m2} & a_{m3} & a_{m4} & \cdots & a_{mn} & \cdots \\ \cdots\cdots & \cdots\cdots & & & & & & \end{array}$$

然后再按表上的斜线(位于同一斜线的元素,二下脚标之和相同)为一组,一组一组地顺次排下去便得

$$a_{11},a_{12},a_{21},a_{13},a_{22},a_{31},a_{14},a_{23},a_{32},a_{41},\cdots$$

这便是可列个可列集($A_1,A_2,\cdots,A_m,\cdots$)之并组成的可列集。

利用这一性质,康托尔又把有理数这个可列集扩大到某些无理数上,譬如,把$\sqrt{2}$这个无理数,用加法添加到有理数集上,得

$$A=\{p+q\sqrt{2}\mid p、q\text{ 是有理数}\}$$

因为 p 是有理数,故可列,设其可列集为$\{p_1,p_2,\cdots,p_n,\cdots\}$

$$A_i=\{p_i+q\sqrt{2}\mid p_i、q\text{ 是有理数}\}i=1,2,\cdots,n,\cdots$$

因 p_i 是一个固定的有理数,而 q 是有理数,可列,故

$$A_1,A_2,\cdots,A_n,\cdots$$

是可列个可列集,它们并在一起便是上面那个添加$\sqrt{2}$后的集合 A。

故知,在有理数扩大为形如 $p+q\sqrt{2}$的数集后,

仍为可列集。

若令 $x=p+q\sqrt{2}$，则 $(x-p)^2=2q^2$，

故 $p+q\sqrt{2}$ 乃是有理系数方程 $(x-p)^2-2q^2=0$ 之根，

由此可见：有理数添加某个开不尽方的无理数所扩大的范围，只相当于某类代数方程之所有实根的集合。

因为有理系数的代数方程，总可化成整系数的代数方程（只需用各系数之分母的最小公倍数乘之）。因此，下面再来把上述扩大有理数范围的方法普遍化。为此，先介绍一下代数数：

定义：设 $a_0, a_1, \cdots, a_n$ 皆为整数，且 $a_0 \neq 0$，则称方程

$$a_0x^n+a_1x^{n-1}+\cdots+a_{n-1}x+a_n=0$$

之实根为**代数数**。如

$1-\sqrt{2}+\sqrt{3}$ 是方程 $[(x-1)^2-5]^2=24$ 的根；

$2+\sqrt[3]{5-\sqrt{2}}$ 是方程 $[(x-2)^2-5]^2=2$ 的根。

故它们都是代数数

康托尔利用可列个可列集仍是可列集，一举证明了所有代数数也是可列集。

这样一来，康托尔又把有理数可列的范围大大地推广到代数数的集合，因为它包括了众多带根号的无理数。于是，就产生了一个新问题：

在实数中，除了代数数，剩下的是否也是可列的？

这是深入探索无穷奥秘的重大问题，也是关系着康

托尔草创的集合论，能否继续发展壮大的紧要问题。下面，我们就会看到在这关键的问题上，康托尔凭他对探讨无穷炽热的志趣和过人的才智，举重若轻地渡过难关。

2. 决非可列之疑惑，奠集合论之根基

无理数是怎么产生的？回顾我们的学习的过程，那是在开不尽方的时候，如$\sqrt{2}$，因为开不尽就不能用有理数$\left(\frac{m}{n}\right)$表示，于是就称它为无理数。

现在，康托尔证明了包括那些开不尽方的数在内的代数数都是可列的。给人的印象似乎是实数也可列了。

如果实数可列，那么又会出现新的怪事。对此，不妨先看一看在长度的计算中，我们不曾留心的两个问题。

(1)与端点的归属无关

设 $A(a)$，$B(b)$是数轴上的两点，$a<b$，如图 2，习惯上用(a,b)表不含二端点的开区间，用$[a,b]$表含二端点的闭区间。显然，无论是含端点或不含端点，它们的区间(线段)之长皆为 $l_{AB}=|b-a|$。

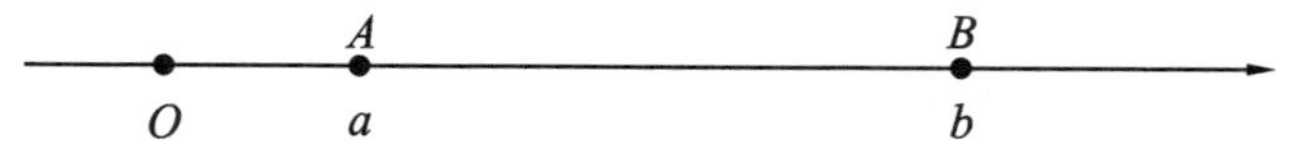

图 2

(2)有限可分性到无限可分性

设 AB 内的分点 $C_1, C_2, C_3, \cdots, C_{n-1}$ 将 AB 分为 n 段,如图 3,则

$$l_{AB} = l_{AC_1} + l_{C_1C_2} + \cdots + l_{C_{n-1}B}$$

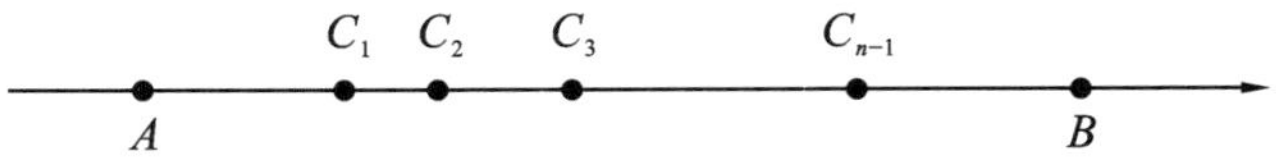

图 3

这就是说,一个大的线段,可以分成若干小段,分段计算。它有两种解释:①将大线段 AB,剪成几个小段,剪时分点被“剪掉”了。即是说:分段时,分点去掉了也不影响长的计算;②将若干含端点的小线段,依次在端点处粘在一起,而把端点“粘重”了。即是说:并连线段时,多了有限个点,也不影响总长的计算。

由此可见,与有限可分性相应的是,多有限个点,或少有限个点,都不影响长的计算。由于计量的多样性,有限可分性还应发展成无穷(可列)可分性,才能满足多方面的需要。

其实,在我们古代就有这样的例子。早在两千多年前庄子的“天下篇”中就记载着惠施说的

一尺之棰,日取其半,万世不竭

意思是:一尺长的木棍,每日截取剩下的一半,这一过程永无止境。用集合论的说法是,这一截法是可列的,而每日截取的长度也可算之如下:如图 4

第 1 天截取原长之半为：$\frac{1}{2}$尺

第 2 天截取剩所之半为：$\left(\frac{1}{2}\right)^2$尺

第 3 天截取原长之半为：$\left(\frac{1}{2}\right)^3$尺

……

第 n 天截取原长之半为：$\left(\frac{1}{2}\right)^n$尺

……

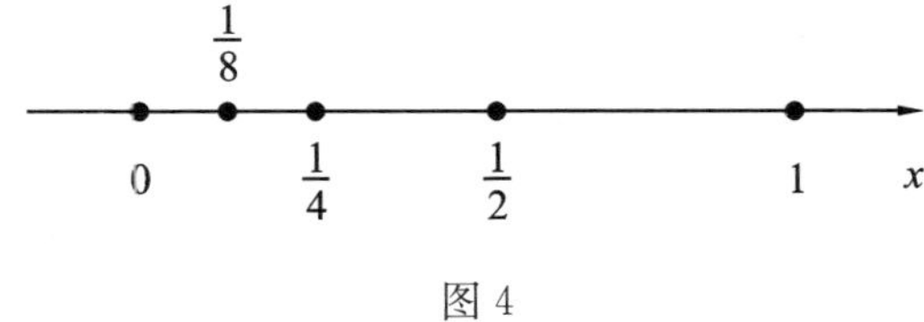

图 4

截得的这可列个线段之长的总和为：

$$\frac{1}{2}+\left(\frac{1}{2}\right)^2+\left(\frac{1}{2}\right)^3+\cdots+\left(\frac{1}{2}\right)^n+\cdots=1$$

正好是原来的一尺之长。如果每次剪断时，连分点也“剪掉”了，那就是去掉可列个点，也不影响长的计算。

现在积分学的发展也证实了，计算长时，去掉处处稠密的有理点，也不受影响，因为它是可列的。

如果实数也是可列的，那么依上述之理，去掉所有实数，长度也不受影响。岂不荒谬之极！因为除去所有实数，剩下的已是不含任何点的空集。这样看来，实数应该不是可列的，才能杜绝上述的荒谬。

以缔造集合论王国为己任的康托尔，现在面临着一个集合论能否深入发展下去的关键问题。

如何去证明实数是不可列的。

这里的困难是，既无可供参照先例，又没可供借鉴的方法。当初，康托尔刚探索这一重大问题，也有不知所措的茫然。这可从康托尔1873年11月29日给戴德金的信中看出，信中对正整数与实数能否建立一一对应时，说

> 乍一看，我们可以说答案是否定的，这种对应是不可能的，因为整数是离散的，实数是连续的，但从这种说法，我们什么结果也得不到，虽然我倾向于，不能有这样的一一对应。但是我找不出理由，我对这事极为关注，也许这理由非常简单。

对无穷奥秘情有独钟的康托尔，既有对此难题极为关注的志趣和热情，又有长期探索无穷的基础，加上他非凡的才华，这道难关不到一个月便被他攻破了。1873年12月7日，他再次给戴德金写信说：自己已成功地证明了实数与整数不能一一对应。只是最初的证法曲折较繁。一般说来，难在破关。删繁就简，进而改进，相对容易。特别是，对实数特性娴熟于心的康托尔，后来又获一新的简明的证法，也证实了他预言的：理由非常简单。更精彩的是，这种证法所用的知识也不深奥，有中学知识即可读懂，故亦介绍如下：

首先把范围缩小到 0 与 1 之间的所有实数，即开区间(0,1)内的实数，因为

开区间(0,1)的实数不可列⟹全体实数也不可列

限制在区间(0,1)内的好处是：其中每一数皆可表为纯正小数。其次，为了统一起见，有限位小数，也把它化为无穷位循环小数，如

$$0.1=0.1\times3\times\frac{1}{3}=0.1\times3\times0.333\cdots$$

$$=0.1\times0.999\cdots=0.0999\cdots$$

故 $\frac{1}{2}=0.5=0.4999\cdots$

有了这些准备，就可证区间(0,1)内的实数不可列。

现用反证法：假定区间(0,1)内的全体实数能排成如下一列

$$a_1,a_2,a_3,\cdots,a_n,\cdots$$

再将它们用无穷位小数表示出来，并竖列于下：

$$a_1=0.a_{11}a_{12}a_{13}\cdots a_{1n}\cdots$$

$$a_2=0.a_{21}a_{22}a_{23}\cdots a_{2n}\cdots$$

$$a_3=0.a_{31}a_{32}a_{33}\cdots a_{3n}\cdots$$

$$\vdots$$

$$a_n=0.a_{n1}a_{n2}a_{n3}\cdots a_{nn}\cdots$$

$$\cdots\cdots$$

于是，康托尔据此构造一个新的纯小数：

$$b=0.b_1b_2b_3\cdots b_n\cdots$$

其中 $b_1,b_2,b_3,\cdots,b_n\cdots$ 皆为 1,2,3,…,9 中的某一个数，但

$$b_1 \neq a_{11}, b_2 \neq a_{22}, b_3 \neq a_{33}, \cdots, b_n \neq a_{nn}, \cdots$$

这就是说　b 与可列的 $a_1, a_2, a_3, \cdots, a_n, \cdots$ 皆不相同，(都至少有一位数不同)。

因此，b 是没有被可列集 $\{a_n\}$ 所列进去的数。

故知，区间(0,1)内的实数是不可列的。

又因区间(0,1)内的实数，只是全体实数的一部分。故全体实数也是不可列的。

康托尔首创的这一方法，既巧妙又简捷，令人拍案称奇，它在分析和拓扑中还常被用来证明一些存在性定理。因此，人们形象地称此法为**对角线法**。

下面再谈谈这一发现的重大意义和深远影响

(1)超越数的存在

什么叫做超越数？它是代数数的否定，即在实数中，不是代数数的，就称它为超越数。如前所述，代数数已包含了众多开不尽的无理数。因为许多开不尽的根式，都可化为代数方程的根，如 $\sqrt{2+\sqrt[3]{5}}$，

$$令\ x=\sqrt{2+\sqrt[3]{5}}，则得(x^2-2)^3=5，$$

便知它是一个 6 次方程的根。

这样一来，实数由原先划分的，

$$\{实数\}=\{有理数\}\cup\{无理数\}$$

重新划分成新的两部分

$$\{实数\}=\{代数数\}\cup\{超越数\}$$

其中，代数数是有理数添加一些无理数(可表为整系数代数方程之根)组成的，其间的关系如图 5 所示

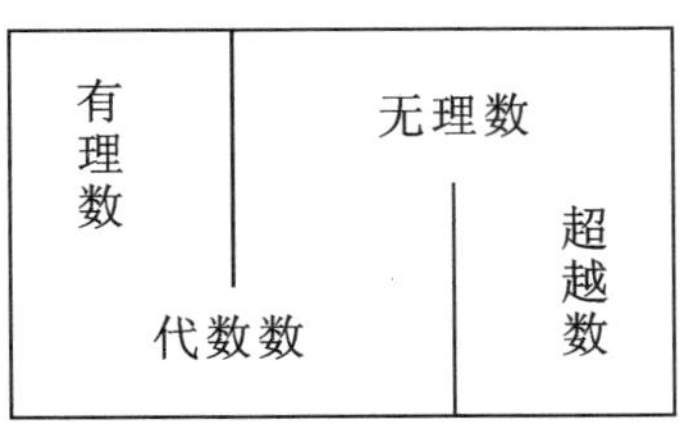

图 5

于是，由实数的不可列，立即可得如下两个推论

有理数可列$\Longrightarrow$无理数不可列

代数数可列$\Longrightarrow$超越数不可列

不然的话，就与实数不可列矛盾(因二可列集之并仍是可列集)。

为理解康托尔这一巨大成果的意义，需要追溯一下超越数发现和证实的历程。1873 年法国数学家埃尔米特(Hermite，1822—1901)证明了自然对数的底 e 是超越数，这是数学史上诞生的第一个具体的超越数。

9 年后的 1882 年，德国数学家林德曼(Lindemann)才证明了圆周率 π 也是一个超越数。

发现一个超越数都载入数学的史册，而康托尔在不知任何具体超越数(如果讯息及时，也最多知道 e 是超越数)的情形下，却断言超越数不仅存在，且比有理数、代数数都多得多。怎不让人感到惊讶、怀疑，甚至无端的反对！

康托尔那巧妙的对角线法，即使反对的人，也找不出毛病和差错，只有默默地承认。何况早在这之

前，法国数学家刘维尔已经证明了，用无穷级数

$$z=\frac{a_1}{10}+\frac{a_2}{10^{2!}}+\frac{a_3}{10^{3!}}+\cdots+\frac{a_n}{10^{n!}}+\cdots$$

其中 $0<a_n\leqslant 9, n=1,2,3,\cdots, a_n$ 为整数

表出的一大批数，皆为超越数。它们虽然只是超越数的一部分，但也是不可列的，因为每个 z 对应一个纯小数 $x=0.a_1a_2\cdots a_n\cdots$。

(2)深入研究无穷集的标志

可列集理论的系统化，只是无穷集研究的开端和起步。如果无穷集只有可列集这么一个单调的品种，那么，无穷集的内容就十分单薄匮乏，难成气候。而实数不可列的证实，反映了无穷集的多样性，预示着无穷集还有许多丰富内容待我们进一步去发掘。因此，有人把证明实数不可列，看成集合论奠基的标志(1873 年 12 月 7 日，康托尔给戴德金的信中首次明确地说他已成功地证出实数是不可列的)。发现实数不可列之后，值得一提的是，康托尔在对这不可列的实数集深入分析之后，提出了如下一个论断

单就个数的多寡，不存在一个集合，它的元素比可列集多得多，同时，实数集的元素又比它多得多。

也就是说，单就元素的个数而言，紧跟着比可列集多的是实数集，因为实数对应着直线上的点是连续的，也叫连续统，故上述论断被称为**连续统假设**。

康托尔为营造集合论大厦用了大量的精力，试

图证此看来显然应该成立的假设。1883、1884 年他给朋友的信中，多次宣称，他已找到连续统假设的证明。但尚未寄出稿件便自己发现，证明之中还有漏洞，不幸的是，补漏之后，又出现更大的错误，直到他去世，连续统假设仍是一个悬而未决的问题。

在世纪之交的 1900 年 8 月，第二届世界数学家大会在巴黎召开。希尔伯特在大会上提出了：展望 20 世纪数学发展的 23 个重大问题，头一个就是连续统假设。足见康托尔毕生未决的这一问题之重要和难度之大。

希尔伯特把连续统问题列为首位，是在康托尔提出这一假设之后。他敏锐地看出这一问题的重要性，并曾苦苦钻研，试图给出一个严格证明，1925～1926 年，他也曾宣布连续统假设已被他证出。可是之后再细加推敲，也有难以弥补的漏洞，不得不放弃。

连续统假设，迟至 1963 年，终被 29 岁的美国青年数学家科恩解决了。他证明了

由集合论公理系统既推不出连续统假设成立，也推不出连续统假设不成立。

类似于欧氏几何前四组公理，既推不出平行公理成立，也推不出平行公理不成立。

这便是世界顶尖级的数学大师康托尔和希尔伯特毕生都未能攻破的原因——在原有的基础(公理系统)上，既推不出它真，又推不出它假。

3. 奇妙的康托尔集，开新学科之先河

受传统思维的影响，人们总以为 2 尺长的线段，其上的点也是一尺长的线段上之点的两倍。

康托尔对无穷的分析与见解，纠正了我们的这一有误的看法。其实，早在几何里的中心射影，如图 6：就已揭示了长短不一的任二线段所含之点一样多（一一对应）。

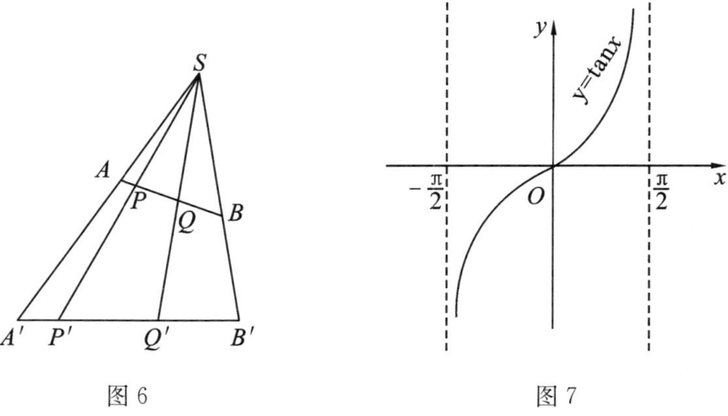

图 6　　　　图 7

不仅长短不一的两个线段，就是一节线段与整条直线所含的点也一样多。在中学里，我们也早已见过。只是思想中未加明确而已。譬如，函数 $y=\tan x$ 的图象就表明：x 轴上的有限区间 $\left(-\frac{\pi}{2},\frac{\pi}{2}\right)$ 与整条 y 轴上的点是一一对应的，如图 7，这也是说：无限长的直线，并不比有限的线段所含的点多。

对以上二例，我们为什么没有康托尔那样去深刻地剖析？也与我们对长度的认识模糊有关。长度，虽说我们十分熟悉，又经常使用。但问它有何特性？恐有的也一时难以说清。

如果形象生动一点，我们可以说长度的特征是“刚性”。

因为在几何中，我们将平移、旋转和反射三种变换统称为刚体运动。而长度、夹角和面积都是刚体运动下的不变性。因此，线的长短和点的多寡，是截然不同的两个概念。长，在几何中反映的是线段的“刚性”；元素的“个数”，是集合论中，用一一对应揭示和区别出类型的标志。这是显然不同的两码事，混淆它们就会妨碍我们去深刻地领悟集合论的真谛。

中心射影形象地反映了：长短不同的线段，有一样多的点。其中，一个极端，是线段之一的长趋于∞，如上面由函数 $y=\tan x$ 图象所表明的，线段与直线的点也一样多；另一个极端，长为 0 的线段，是否也与长不为 0 的线段有一样多的点？我们很难想象，会有这种极端情形！可奇招迭出的康托尔，竟然为我们构造出这种匪夷所思的奇妙之集。下面，我们便来介绍这个典型之例的构造过程。

第一步：在闭的单位线段$[0,1]$内，挖掉正中的$\frac{1}{3}$开区间$\left(\frac{1}{3},\frac{2}{3}\right)$，如图 8，剩下的是：

$$C_1=\left[0,\frac{1}{3}\right]\cup\left[\frac{2}{3},1\right]$$

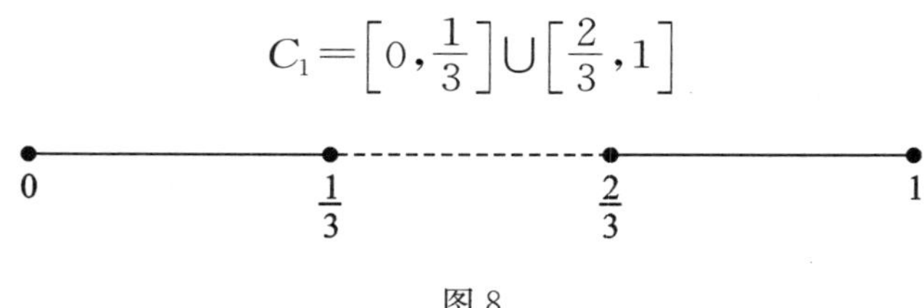

图 8

第二步：在 C_1 的两个闭线段中再挖掉正中的$\frac{1}{3}$开区间$\left(\frac{1}{3^2},\frac{2}{3^2}\right)$，$\left(\frac{7}{3^2},\frac{8}{3^2}\right)$，如图 9，剩下的是：

$$C_2=\left[0,\frac{1}{3^2}\right]\cup\left[\frac{2}{3^2},\frac{1}{3}\right]\cup\left[\frac{2}{3},\frac{7}{3^2}\right]\cup\left[\frac{8}{3^2},1\right]$$

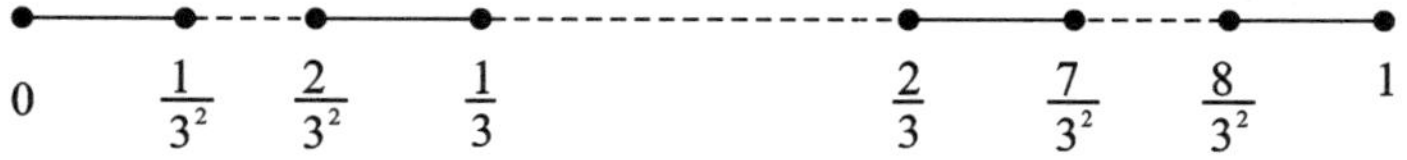

图 9

显然 $C_2\subset C_1$，故 $C_2=C_1\cap C_2$。

第三步：在 C_2 的 4（$=2^2$）个闭线段中，再各挖正中的$\frac{1}{3}$开区间

$$\left(\frac{1}{3^3},\frac{2}{3^3}\right),\left(\frac{7}{3^3},\frac{8}{3^3}\right),\left(\frac{19}{3^3},\frac{20}{3^3}\right),\left(\frac{25}{3^3},\frac{26}{3^3}\right),\cdots$$

余下 8（$=2^3$）个闭区间，合并后得出 C_3。

显然 $C_3\subset C_2$，故 $C_3=C_1\cap C_2\cap C_3$。

重复以上步骤，到第 n 步，就剩下 2^n 个闭区间，它们构成的 $C_n=\bigcap\limits_{k=1}^{n}C_k$ 再将这步骤无限地施行下去，则得

$$C=\lim_{n\to\infty}C_n=\lim_{n\to\infty}\bigcap_{k=1}^{n}C_k$$

这便是康托尔为我们构造出的长度为 0，但含非

可列个点的新集合。世人为纪念康托尔非凡的创造，特称它为**康托尔集**。

C的长度为0，较易证实。因为挖掉的总长为：

$$\frac{1}{3}+2\times\frac{1}{3^2}+2^2\cdot\frac{1}{3^3}+\cdots+2^n\cdot\frac{1}{3^n}+\cdots$$

$$=\frac{1}{3}\left[1+\frac{2}{3}+\left(\frac{2}{3}\right)^2+\cdots+\left(\frac{2}{3}\right)^{n-1}+\cdots\right]$$

$$=\frac{1}{3}\cdot\frac{1}{1-\frac{2}{3}}=1$$

挖掉的线段之总长为1，剩下的长度，当然为0。

更妙的是，这剩下来的集合，竟然也与整条直线上的点一样多。证明它，要用到一般人不大熟悉的3进位制，故略之。

综合以上所述，便知

康托尔集C，乃是一个长为0的非可列集

这一结果，也大出人们的意外。因为用中心射影，在长短不一的线段间建立一一对应，形象生动，易于接受；用常见的正切函数，说明有限区间与整条直线也能建立一一对应，亦不难理解。如今康托尔又证明了“挖空”的线段，其上的点，竟然与整条直线上的点，也一样多！若不是严格论证了的，谁会相信！而康托尔确实为我们构造出这一直观上难以想象的集合。因此，它堪称理性思维所开之花。

康托尔集更妙的，还有如下两个特性。

(1)完备性

所有的无理数也是非可列的，且能与全体实数

成一一对应，但与实数集却有如下一个重大差别。

在实数集中，极限运算是封闭的，即任一收敛的实数列，其极限也是实数。而在无理数集中，求极限有时不再是无理数，例如

$$\sqrt{2},\frac{\sqrt{2}}{2},\frac{\sqrt{2}}{3},\cdots,\frac{\sqrt{2}}{n},\cdots$$

中的每个数皆为无理数，但极限 0 却是有理数。

实数对极限封闭的这一性质，通常称为完备性。

康托尔集不仅是非可列集，而且与实数一样，也是完备集。因此，它与无理数集，虽都是不可列，但却有重大区别。前者完备，后者不完备。

(2)自相似性

什么叫做自相似性？顾名思义，它可以这样理解：

> 一个研究对象如果能与它的一部分类似，便称该对象有自相似性。

为了说明康托尔集的自相似性，先看一下两个任意康托尔集的相似性。为此，在长分别为 a、b 的两个闭线段上，构造康托尔集。图 10 是挖过两次的示意图。

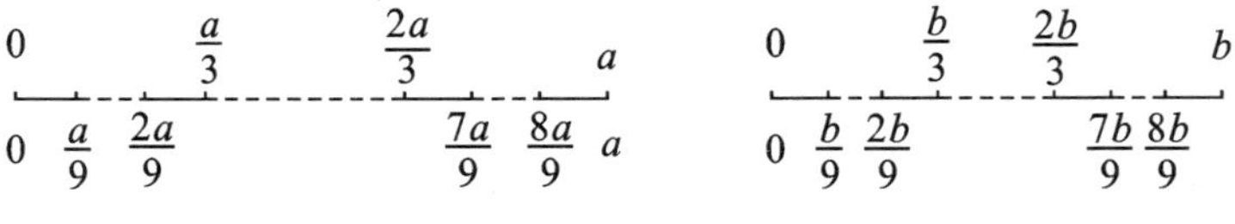

0 $\frac{a}{3}$ $\frac{2a}{3}$ a　　0 $\frac{b}{3}$ $\frac{2b}{3}$ b

0 $\frac{a}{9}$ $\frac{2a}{9}$ $\frac{7a}{9}$ $\frac{8a}{9}$ a　　0 $\frac{b}{9}$ $\frac{2b}{9}$ $\frac{7b}{9}$ $\frac{8b}{9}$

图 10

虽然，构造之初，线段长短不一。但因构造方法完全一致，故二者相似。

由此可知：从康托尔集的任一步中，单看它余下的一段，继续构造下去，则亦得一康托尔集，且与原康托尔集相似。

故康托尔集具有自相似性。

20 世纪 70 年代兴起，并蓬勃发展的分形几何，就是在结构中，以具有自相似的图形为其研究对象。

这类图形有一共同特性，像康托尔集那样，按同一法则反复延伸(迭代)下去。

现举一个简单且有代表性的例子——“雪花”图案。

第一步：取一边长为 1 的正三角形，如图 11；

第二步：在原正三角形每边正中，各嵌上一个边长为$\frac{1}{3}$的正三角形，得出一个星形，如图 12；

第三步：在此述 12 边形的每边正中再各嵌一个边长为$\frac{1}{3^2}$的正三角形，得出星形 48(3×4^2)边形，如图 13

……

第 n 步：便得如雪花似的 $3\times4^{n-1}$ 边形，如图 14 是 $n=4$ 的情形。

………

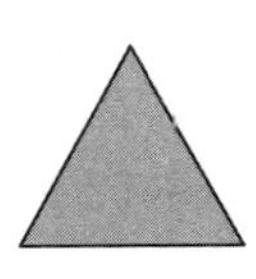

图 11

图 12

图 13

图 14

显然，这种层次无穷的图形，靠尺规或绘图仪器是无法完成的，即使三、四步，也十分费时费事。然而借助计算机，便可十分逼真地绘出这种美妙的图形。这也是分形几何，为什么迟至 20 世纪 70 年代才飞速发展，风靡于世的重要原因。

然而，早在 100 多年前，康托尔就已开分形几何之先河，为我们构造出一个经典的分形之范例——康托尔集。仔细对比一下，上面这个“雪花”图案。只不过把作为康托尔集出发点的单位线段，换成边长为单位的正三角形，再把康托尔集的构造法则，挖掉正中的$\frac{1}{3}$，改为在各边正中竖起一个边长为$\frac{1}{3}$的正三角形，何其相似乃尔！因此，说“雪花”图案，乃是脱胎于康托尔集的巧妙构思之中，实不为过。当然，再对康托尔集作其他的变形，还会得出种种美妙的分形图案，由此可见

康托尔不仅是集合论的创始人，也是分形几何的开山鼻祖。

4. 又一惊人新发现，如坠重重迷雾中

正当人们跟着康托尔漫游在他创造的集合论王国里，欣赏、领略那由“无穷”生发出来的、一道又一道奇异而迷人的风光时，他又向世人宣布了一个更加惊奇的新发现。

整个平面上的点也和线段上的点一样多

前面刚讲：挖得零零碎碎、长度为 0 的康托尔集，竟与整条直线有一样多的点，已让人惊奇不已！现在又说：四面八方都无边无垠的平面，竟也与一小节线段上的点一样多，着实让不明其理的人，难以置信。更厉害的是，稍加推广，便是我们生存的无边无际的现实空间，也和一小节线段的点一样多。简直像天方夜谭。其实，比天方夜谭还神，天方夜谭中，高大的魔鬼，只不过能一溜烟地钻进一个小瓶中，哪能比得上浩无边际的宇宙，竟能缩成一节细小的线段。怎不让人惊得目瞪口呆！

然而，康托尔给出的证明，严密确凿，无懈可击。让你不能不信。所幸，他给的证明方法，虽极具巧思，令人称奇，但不深奥，且过程简明，浅显易懂。仅有中学数学知识即可读懂。故介绍如下：

如同直线上的点，可与线段内的点建立一一对应一样。平面上的点也可与一正方形内的点建立一

一对应，事实上，变换

$$\begin{cases}x=\tan s\\y=\tan t\end{cases}\qquad -\frac{\pi}{2}<s,t<\frac{\pi}{2}$$

就是将 s、t 平面上边长为 π 的正方形，一对一地变换到整个 x,y 平面上，如图 15 所示：

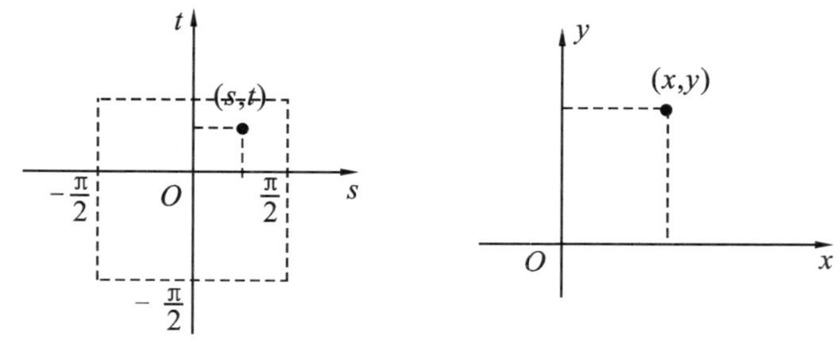

图 15

当然，也容易建立平面与单位正方形之间的一一对应。因此，余下只需证

单位正方形内的点与单位线段上的点可以建立一一对应。

即可。限制在单位线段与单位正方形内的好处是：它们的坐标都可以表为无尽位的纯正小数（像证实数非可列那样）。

现在难处是：线段上的一个坐标 t，如何去与正方形上的两个坐标 (x,y) 建立一一对应？

在洞悉无穷奥秘的康托尔的眼里，表为无穷位小数的坐标，都变成了可列集。而一个可列集，何尝不可以拆成两个可列集！两个可列集，自然也可以并成一个可列集。难关由此攻破，即得证法如下：

设单位线段位于 t 轴上，如图 16，故单位线段上任一点 T 的坐标，可用一个纯正的无尽位小数表之，如 $T(t)$，$t=0.t_1t_2t_3\cdots$

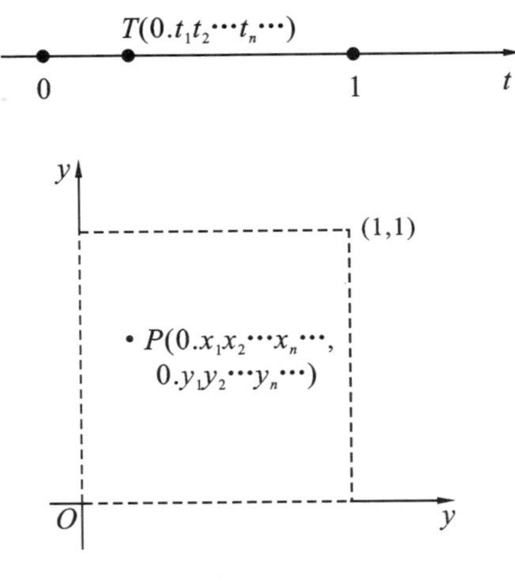

图 16

要注意的是，如果 t 是有穷位小数，如同非可列的证明一样，先化成无穷位的循环小数。单位正方形位于坐标平面上，且相邻两边都在坐标轴上，故其内任一点 $P(x,y)$ 的二坐标，也都可表为无穷位小数，即

$$x=0.x_1x_2x_3\cdots x_n\cdots,\qquad y=0.y_1y_2y_3\cdots y_n\cdots$$

下面，我们就来建立它们相互间的对应

（ⅰ）对于单位线段上的点 $T(t)$，$t=0.t_1t_2t_3\cdots t_n\cdots$

取 $x=0.t_1t_3\cdots t_{2k-1}\cdots,\qquad y=0.t_2t_4\cdots t_{2k}\cdots$

则得单位正方形上对应的点 $P(x,y)$；

（ⅱ）反之，对单位正方形上的任一点 $P(x,y)$，

$$x=0.x_1x_2x_3\cdots x_n\cdots,\qquad y=0.y_1y_2y_3\cdots y_n\cdots$$

取 $t=0.x_1y_1x_2y_2\cdots x_ny_n\cdots$，则得单位线段上的对应点 $T(t)$。

证明读来倒条理清晰，容易接受。可未发现之前，谁能想到？就是康托尔本人，也得之不易，历经三年半之久。事实上，这一证明是1877年康托尔在信中首先告诉戴德金的。然而在1874年1月5日，康托尔给戴德金的信中表述的却是与此相反的看法。

> 是否能把一块曲面（如包含边界在内的正方形）一一地映射到一线段（如包含端点在内的线段），使得面上的每一点对应线上的一点，而且，反过来，线上每一点对应面上一点？
>
> 据我看，回答这个问题的难度很大，尽管答案似乎显然是否定的，以至于证明看来几乎是不必要的。

此信表明两点：一是，康托尔原先也与世人一样，对能否在线、面之间建立一一对应，持否定态度。二是，面、线间不能建立一一对应，显然证明是不必要的。但显然的有时并不可靠！即使显然的对了，严格证明又谈何容易，如前面讲的连续统假设，和风靡一时的哥德巴赫猜想、费尔马大定理等，结论都是很显然的，但却难倒了许多著名的大数学家。

两个有关问题

①曲线的表示

在力学中，质点的运动轨迹，常用参数方程

$$\begin{cases} x=f(t) \\ y=g(t) \end{cases} \quad a\leqslant t\leqslant b$$

表示。因此，在解析几何中，曲线也用这样的方程表示。再回头看，康托尔建立线、面间的一一对应，也正是这样的参数方程。那么康托尔的证明，岂不是说：

一条曲线竟能填满整个正方形？

曲线，在欧几里德时代，就是几何中的基本概念。两千多年的历史长河中，哪会想到竟有曲线填满正方形的怪事！于是要问：到底是康托尔的证明有违常理，或是原来的曲线表示有失周密？

②维数问题

在解析几何中

直线上的点，可用一个独立坐标表示。

故称直线是一维的；

平面上的点，要用两个独立的坐标表示。故称平面是二维的；

立体中的点，则需三个独立的坐标表示。故称立体是三维的。

推而广之

一类对象，要用 n 个独立坐标表示。

则称该类对象是 n 维的。

解析几何的丰富内容，都是在不同维的空间展开的。如椭圆、双曲线、抛物线等,是二维的研究对象;球面、锥面等是三维解析几何的研究对象。解析几何的广泛应用,说明维数的区分是必要的,不容混淆的。可康托尔的发现表明:直线、平面、空间中的点,都可用一个独立坐标表示。岂不是说

直线、平面、空间等都是一维的?

真金不怕火炼。不仅康托尔严格证明和准确的结论经得起时间的检验。而且,数学的进一步发展,还充分显示出它深远的影响。

就在康托尔这一新发现正式发表的前后,有识之士就已洞察到它的重要意义和在数学中的影响。譬如,戴德金接到康托尔介绍这一新发现的信后,立即复函,既衷心祝贺这一非凡的创见,同时,又提醒他:不应由此怀疑维数的确定性。因为在维数不变性中,起重要作用的是**连续性**。

在康托尔新发现问世的下半年,便有 4 位数学家,不约而同地论证了:二维或三维的空间,不可能一对一地连续映射到一直线上。证实了戴德金的真知灼见。由此可知:原先只用独立坐标的个数,去定义维数是不严格的。还必须加上**连续**的条件,才能保证维数的确定不变性。同样的,单用参数方程去定义曲线,也失之条件过宽。还必须对此参数方程所确的一一对应,加上双方都是**连续**的。那么,就会杜绝曲线竟能填满正方形的怪事。

连续性,是近世代数学的一个重要而基本的概

念，对连续的普遍而深入的研究，属于拓扑学的范畴。因此，康托尔的这一新发现，又催生了点集拓扑学的诞生和发展。

什么叫拓扑学？简而言之，研究拓扑变换下的不变性与不变量，就是拓扑学的研究内容。而拓扑变换，则指双方都连续的一一变换，形象地说，橡皮的伸缩扭曲都是拓扑变换。因此，有人戏称：拓扑学是橡皮几何学。

曲线、维数都是拓扑不变性。所以，它们的严格定义乃是拓扑学的内容。

一个新的发现，引起一门新学科（点集拓扑学）的诞生。足见其影响之深远。

5. 邂逅戴德金，是友也是师

在康托尔独自构建集合论大厦时，也有友好的支持、鼓励和帮助。值得一提的是戴德金。

戴德金（R. Dedekind，1831～1916）。他是高斯的同乡，17 岁考入卡罗琳学院，19 岁进入哥廷根大学，并在高斯指导下，完成了博士论文“关于欧拉积分的理论”。受到高斯的赞赏，说“论文显示的独创性，预示他未来的成就”。1858 年，27 岁的戴德金，被任命苏黎世综合工业学院的教授。1862 年，他被家乡的高等工业学院聘为教授，直至去世。戴德金终身未娶，和他姐姐生活在一起，有姐姐的照顾，他有充裕的时间，轻松自在地从事他喜爱的数学研究工作。

戴德金在数学上的成就，是多方面的。如椭圆函数，代数数论等分支上的成果，都受人称道。但载入史册、扬名于世的，则是他建立的实数理论。早在他教微积分时，便发觉微积分中最基本的极限、连续性，缺乏严格的根基，为此他深入钻研，终于发现：用分划的办法，去产生全部的无理数，便自然地解决了连续的问题。

简单地说来，有理数在数轴上的分布是处处稠密，但有空隙。早在古希腊时代的毕达哥拉斯，就从几何上发现了这种空隙。如图 17 中。

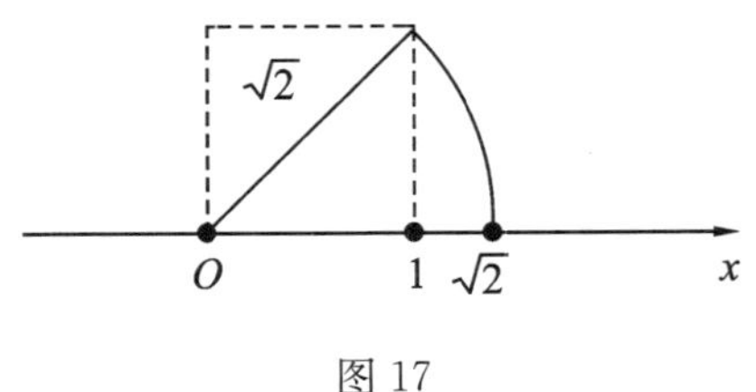

图 17

$\sqrt{2}$便是这种空隙。因此，有理数在数轴上，因有空隙而不连续，补足这所有的空隙，那么，直线的连续就反映着实数的连续性。

戴德金是怎样去填补这样的空隙呢？详细介

绍,那是数学分析中,要费一个章节才能完成的,这里只用实例简介一下他的思路。

戴德金从我们熟悉的有理数集 Q 出发,把它分成两部分 A、A′,要求满足以下两点

(ⅰ)不空、不漏:A、A′皆非空集,且 $A \cup A' = Q$

(ⅱ)大小关系:A 中任一数皆小于 A′的任一数

因此,不妨称 A 为下部,A′为上部。

那么,就会出现以下三种情况

①下部有最大的,如

$$A=\left\{x \mid x \leqslant \frac{2}{3}\right\}, A'=\left\{x \mid x>\frac{2}{3}\right\}$$

②上部有最小的,如

$$A=\left\{x \mid x<\frac{2}{3}\right\}, A'=\left\{x \mid x \geqslant \frac{2}{3}\right\}$$

③下部无最大的,上部也无最小的,如

$$A=\{x \mid x^2<2\}, A'=\{x \mid x^2>2\}$$

对比以上三种情况,明显地看出

①、②两种都含有一个分界点,它在下部便最大,它在上部便最小。更重要的是,当两部合并时,在直线上,分界点起着衔接点的作用,使在该处没有明显的空隙。

而③因无分界点起衔接作用,合并时,在直线上明显地出现一个空隙。

戴德金据此,在有理数的所有分划中,凡是出现情况③的分划,皆添加一个新数,作为相应的无理

数。显然

已知一个无理数，便有③的一个划分；

反之，任一个③的划分，对应一个无理数。

所以，戴德金一举定义出所有的无理数，既包括我们已知的那些无理数，如开不尽方的数。又包括更多的我们尚未完全掌握的超越数。

以上只是简要地介绍了一下戴德金建立实数理论的要领。严格地讲，还要解决新生的无理数与有理数共处一体的和谐问题，即其间的大小关系以及它们的运算问题；还有新的实数集之完备性与连续性。戴德金都详尽而完美地解决了以上问题。更精彩的是，他完全避开了极限。又不依赖几何直观。只用到有理数的大小和四则运算。基础之低，限于初中。被称为现代分析之父的外尔斯特拉斯，为重建数学分析，提出了“分析算术化”。算术——数学最根本的一块基石，历经数千年实践和应用，其正确性，不容置疑。因此，能归结到算术，正确性自然也有了保障。戴德金的实数理论，正是分析算术化的典范。因此，一经问世，便受到数学界的高度赞赏和一致好评，并迅速地广为传播。

在戴德金所处的 19 世纪，正是微积分奠基的时候。因此，各种实数理论纷纷问世，但只有戴德金的分划最简单（把有理数分成两类）又最深刻（轻易地一举解决了连续和完备两个根本问题）。在数学史上，被誉为“人类智慧的创造物”，最终使无理数摆脱

了“不可度的线段”之类的几何直观。

康托尔也研究过建立实数理论的问题，并把这方面的论文寄给戴德金，以文会友。戴德金也把他的《连续性与无理数》一书寄给康托尔，讨论他们共同研究的内容。但他们的相识却是偶然。1872 年夏，康托尔到瑞士去旅游，在格尔塞，与也在那里度假的戴德金不期而遇，并一见如故。还相约：以后常到德国有名的哈尔茨山去度假，游览大自然的美景。从此开始了他们经常的友好往来。

戴德金比康托尔年长 14 岁。学问精深，品德高尚。康托尔视之亦师亦友。常把自己的新发现最先告诉戴德金；也把尚在思考的问题，在信中与戴德金磋商。戴德金总是慷慨地给人鼓励、支持和帮助。

康托尔在证明有理数可数之后，很想继续钻研下去，却也犹豫。他在给戴德金的信中，承认他“没有认真地考虑这个问题，因为它似乎没有什么实用价值”。接着，他还补充了一句：“要是你认为它因此不值得再花费力气，那我就完全赞成。”信中反映着：在集合论草创时期，康托尔也曾为它的重大发现，一时看不到实际应用，而困扰着的不安心情。因为反对集合论者的主要理由，正是这还未看出来的实际应用。戴德金从不反对康托尔对无穷的深入探索，而且还鼓励他不要为此而停顿自己的研究。

当康托尔证出实数不可数后，他首先（1873 年 12 月 7 日）给戴德金写信，通报这一巨大的收获。戴德金一方面为朋友的成果而高兴，另一方面又建议他讨论代数数和超越数。因为实数可数不可数，一时还看不出它有没有用。而代数数、超越数，则是公认的数学内容。何况，反对集合论的头号人物克罗内克，也是以代数数为他主要研究对象的。这样，拉近研究的内容，就少一些非议和责难。康托尔于是将题目换成了“论所有代数数集体的一个性质”。另外，超越数的性质也是公认的数学内容。把实数不可数变成超越数不可数，突出超越数，也有缓冲反对集合论的作用。当时，除证出自然对数之底 e 是超越数外，连 π 是不是超越数也不敢肯定。因此，超越数有多少，更是悬案。这时，康托尔断言：超越数比代数数多得多(不可数)。才使超越数的研究成为有源之水。再进一步深入探索超越数的性质，也有了坚实的根基。这岂不是康托尔发现了实数不可数，在数学中的重要用处！因此，戴德金的建议，就有预先消除，至少淡化反对集合论者挑起的纷争。也有利于康托尔的新发现在数学界顺利传播。

1877 年 6 月 20 日，康托尔给戴德金写信，再次谈道：三年半前所提到的，面块与线段能否一一对应的问题。现在要告诉他朋友的是：不仅证出正方形与线段能一一对应，而且容易推广到任意维空间与直线间的一一对应。戴德金仔细阅读了康托尔的证明，并立即复信。首先祝贺他这一不凡的发现。但是，创建实数理论的戴德金思维缜密，功底深厚。立

即看出，证明之中有一不严格的地方。因为在将区间〔0,1〕内的数，表为纯小数时，应先明确唯一性。例如

$$t=0.1\times3\times\frac{1}{3}=0.1\times3\times0.3333\cdots$$
$$=0.99999\cdots$$

那么

当 $t=0.100\cdots$ 时，对应正方形内的点，是 $(0.100\cdots,0.00\cdots)$；

当 $t=0.0999\cdots$ 时，对应正方形内的点，是 $(0.099\cdots,0.99\cdots)$

岂不是区间(0,1)内的一点，可以对应正方形内两个点。若约定：有穷位小数必须化为后一位为 9 的无穷位小数。那么，对应便是一一的了。

康托尔接到戴德金的信后，立即回函，对戴德金为他的证明补罅，深表感谢。并说“幸运的是这一漏洞只影响证明过程，而无害于最终要证明的结论”。

6. 单枪匹马建伟业，千秋功业传后世

许多新学科，创始人奠基之后，其丰富的内容，多是后继者在此基础上不断加以充实、扩大而逐步完善的。例如，解析几何先是由笛卡尔、费尔马开创了坐标法，为运用代数运算去研究和解决几何问题开辟了一条新的道路。而用坐标法系统地研究圆锥

曲线的性质，以及众多的几何难题用坐标法去攻克……则是靠笛卡尔、费尔马之后的一些数学家不断努力才完成的；又如，运用甚广的微积分，其基本概念如导数、微分和积分等，最初也只是由牛顿、莱布尼兹在各自研究的不同问题中提炼出这些基本概念，又独自发现了微分与积分之间的联系（牛顿—莱布尼兹定理）。但其后继者也功不可没，许多重要的内容都冠以发现者的名字，如罗尔定理、拉格朗日中值公式、泰勒级数、罗必达法则、柯西准则、达朗贝尔判别法、欧拉公式等举不胜举。

集合论的产生与成熟却与上不同。其基本概念的提出，主要内容的发现与论证，如开头所介绍的几项重大成果：有理数可数、代数数也可数、实数不可数、其中的超越数也不可数、正方形内的点竟与线段内的点一样多、奇妙无比的、开分形几何之先河的康托尔集，以及本篇未能介绍的、用新的量去更为深刻地揭示无穷奥妙的超穷数（自然数在无穷集中的推广）及其理论，都是出自康托尔一人之手。后由他独立完成的集合论两本开山之作——《一般集合论基础》和《对超穷集合论基础的贡献》也完全是康托尔一人的力作。

因此，说集合论这门学科不仅是康托尔开创的，而且是他一人独立建造并基本完成的，绝非虚言。当然，这也不是说，集合论至此不再发展了，事实上，为克服悖论，使集合论建立在更坚实的基础上而发

展起来的公理集合论，又揭开集合论发展史上新的一页。为区分起见，人们把康托尔创建并完成的集合论称之为朴素集合论，以别于之后发展起来的公理集合论。一百多年后的今天，数学蓬勃的发展，无论是广度与深度，都远非昔比。但广为应用并渗透到一些分支中去的，仍是康托尔开创的朴素集合论，可见其生命力之旺盛和影响之深远。难怪他同时代的许多著名数学家，对他在数学上的贡献赞颂不已！譬如，当时德国著名的数学家朗道在康托尔逝世后，说

> 康托尔是超越国家界限，古往今来最伟大的、最有天才的数学家之一。

对集合论中的“连续统假设”也曾多次试证，深知集合论创建不易的著名数学家希尔伯特，真诚地赞颂

> 康托尔的工作，对我来说是最值得敬佩的数学理论之花。

数学中逻辑主义的代表人物、著名哲学家、数学家罗素(B. Russell，1872～1970)也由衷地讴歌

> 康托尔破译了围绕数学无穷的诸多难题，这可能是我们这个时代值得夸耀的最伟大的工作。

历史雄辩地证实着这些同时代的数学大师，对康托尔的评价是准确的、客观的。而且在康托尔之后成长起来的数学家，只要认真地读了他那处处闪烁着创造之光的集合论，也会油然生出崇敬之情，赞美这

理性之花。其中有代表性的是，参加过美国第一颗氢弹研制过程的美籍波兰数学家乌拉姆，在他的《一位数学家的奇遇》一书中，称

> 康托尔同耶稣、马克思、弗洛伊德是古往今来对世界影响最大的思想家。

如果不把创立伟业的人当做神，这种评价康托尔也当之无愧。因为康托尔深刻揭示出的无穷奥妙，启迪着一代又一代的人。至少，在数学和哲学领域里，影响之深远不可估量。

哈勒大学是康托尔长期工作的学校，也是集合论诞生的圣地。现在，用大理石雕刻的康托尔胸像，仍安置在哈勒大学主要建筑物内。哈勒城郊康托尔故居的墙壁上，也挂着一块牌子，刻着

> 这是康托尔工作和生活的地方

供人瞻仰、凭吊。

揭示20世纪数学发展的大师——希尔伯特

希尔伯特(D. Hilbert, 1862～1943),德国数学家,在数学多个领域中,做出了开创和奠基的工作。尤为著名的是,20 世纪初(1900 年)第二届国际数学大会上提出了 23 个问题,引导着 20 世纪数学的全面发展。

1. 自由的大学生活，现想现推的教授

希尔伯特的父亲是一个法官，因此他希望自己的儿子长大后去学法律，也当一名法官。1880 年，18 岁的希尔伯特进入了家乡的哥尼斯堡大学。这所大学颇有名气，一些著名的数学家如雅可比、第一个证明 π 为超越数的林德曼（F. lindemann，1852～1939）等，都曾在此任教。因此，希尔伯特未遵父愿，毅然选择了数学专业。后来，事实证明，这一选择十分恰当，否则，世上就少了一位影响 20 世纪数学发展的大师。

当时，德国的大学，学习生活十分自由。你既可以选本专业的课，亦可以选其他专业的课，甚至到别的大学去学习。希尔伯特在哥尼斯堡大学读了一学期之后，就转到海德尔堡大学听课。正是在这所大学，遇到了一位与众不同的教师富克斯（L. Fuchs），给希尔伯特留下了深刻的印象。富克斯擅长微分方程，思想活跃，又很自负。因此，他课前不充分准备，自信课本上的那些问题，不在话下。因此，在课堂上边想边推，多数情况也都顺利。但也有推不下去的时候，幸亏他功底深厚、思维发散，立即改变思路，甚至接连变换多种思路，才达到目的。当然，由于没有认真准备，就免不了出现推不下去而“挂黑板”的

窘况。

对于这样的讲授方式，自然褒贬不一。有的学生这样评价："得到一个机会，瞧一瞧高超的数学思维实际产生过程。"与高斯说的："瑰丽大厦建成之后，应拆除脚手架"相比，富克斯的即兴讲授，就犹如展示大厦修建的全过程。因此，学生才容易从中受到有益的启示。希尔伯特日后的讲授，备课也很简略，也有细节推不出来的情况。但他那富有启发的思维方式、巧妙的数学方法，也让学生受益匪浅。

2. 希尔伯特旅馆——揭示无穷的奥妙

希尔伯特不仅是造诣精深的大数学家，也是一位优秀的教师。富克斯边想边讲的即兴讲授，也不时在他身上再现。此外，他更擅长即兴发挥，使深奥的数学思想，通过浅显的例子与生动的比喻，不但使人易于理解，还给人留下深刻的印象。如讲无穷的一个特性，他编造了如下一个例子。

在普通旅馆里，因为房间有限，如果客满，只好挂牌，婉辞新来住店的客人。如果旅馆的房间有无穷多，那么，情况大变。即使所有房间都已住满，又来了五位新的客人。店主只需让原来的客人把住房如下调动一下，便可给新来的客人腾出房间。因为这时可请 1 号房的客人改住 6 号房间；

请 2 号房的客人改住 7 号房间；

请 3 号房的客人改住 8 号房间；

……

请 n 号房的客人改住 $n+5$ 号房间；

……

于是，1 号房，2 号房……5 号房便腾出来了，满足 5 位新客人的需要。

更有甚者，在客满的时候，新来了无穷多客人，店主仍可巧于安排，腾出无穷多的房间，满足新来客人的需要。这时：

请 1 号房的客人改住 2 号房间；

请 2 号房的客人改住 4 号房间；

请 3 号房的客人改住 6 号房间；

⋮ ⋮

⋮ ⋮

⋮ ⋮

请 n 号房的客人改住 $2n$ 号房间；

⋮ ⋮

于是，单号房间全部腾空。请无穷多的新客人依次住下。

用数学的语言讲：一个可列集能拆成两个可列集。康托尔揭示的无穷之奥秘，便由希尔伯特这样形象、生动地体现出来了！

3. 精彩的演讲，揭世纪帷幕

第二届国际数学大会，于 1900 年 8 月 6 日上午在巴黎召开。

1900 年，正是 20 世纪开始的第一年，新世纪的数学，该朝哪些方向去发展？是各国数学家共同关心的问题。因此，除了报告各自领域已取得的成果，更需要有高瞻远瞩的大师，预示新世纪数学发展的方向。38 岁的希尔伯特，便义不容辞地接受了这一历史重任。经过充分的酝酿与准备，7 月中旬他便将打印的讲稿，寄往大会筹备处，同时在哥廷根科学协会发表。题目就叫《数学问题》，既简单又突出。报告本来安排在开幕式上，由于希尔伯特的要求，改在 8 月 8 日上午。报告开始，便开宗明义地讲

> 我们当中有谁不想揭开未来的帷幕，看一看在今后的世纪里，我们这门科学发展的前景和奥秘呢！

未来的前景与奥秘，一下就吊足了广大听众的胃口。

> 只要一门科学分支，能提出大量问题，它就充满着生命力；
>
> 而问题缺乏，则预示着独立发展的衰亡或终止……

既切中报告的题目，又一语道破“问题”在科学发展中的重要性。接着又对“问题”多方面给予精辟的阐述

> ……每个时代都有它自己的问题，这些问题后来或者得以解决，或者因为无所裨益而被抛到一边，并代之以新问题。如果我们想对最近的将来数学知识可能的发展有一个概念，那就必须回顾一下，当今科学提出的、期望在将来能够解决的问题。
>
> 现在，当此世纪更迭之际，我认为正适于对问题进行这样一番检阅。因为一个时代的结束，不仅促使我们追溯过去，而且把我们的思想引向那未知的将来。
>
> 一个新问题，特别是当它来源于外部经验世界时，很像一幼嫩的新枝，只要我们小心地、按照园艺学规则，将它移植到已有数学成就粗实的老干上去，它就会茁壮成长，开花结果。

优美的语言，生动的比喻和富有哲理的思想，让人听得轻松，思之有味。

希尔伯特还对重大而富有成效的问题，提出了应具备的三个特点：

1）清晰性和易懂性。

2）有相当难度而又不是完全无从下手解决的。

3）意义深远。

希尔伯特还对好的数学解答，提出了两个标准：严格性与简单性。对于严格性，他又提出了如下精辟的见解

> 对于严格性要求的片面理解，会立即导致排斥一切从几何力学和物理学中提出概念，从而堵塞来自外部世界的新的材料源泉……这样一来，由于排斥几何、数学、物理。一条多么重要的关系到数学生命的神经被切断了。

严格是数学的命脉。但过早的要求严格，就会丧失许多重要的发现，从不严格逐步发展到严格，才是正道。

最后，希尔伯特便提出了那吸引着 20 世纪众多数学家为之奋斗的 23 个问题。这 23 个问题是希尔伯特经过深思熟虑长达 8 个月之久才汇集产生的。由于这些问题凝聚了希尔伯特大量的心血，所以，在数学界干脆称它为希尔伯特问题。

列举这 23 个问题并不难，但因艰涩难懂、枯燥无味。所以，就略而不录。只提一下，我们熟知的陈景润所取得的成就，属于希尔伯特问题中的第八个(素数问题。包括黎曼猜想，哥德巴赫猜想和孪生素数猜想)。

希尔伯特的演讲，既拉开了新世纪的帷幕，又照亮了新世纪数学发展的道路。综观一百多年的历程，数学上重大的成就，基本上是围绕着这 23 个问题的突破和解决而获得的。有着数学诺贝尔奖美誉的菲尔兹奖，受奖者的工作大多数与此有关。20 世纪虽已过去，希尔伯特演讲的魅力与影响，仍然未减。尚有 8 个未解的问题，依然是数学家奋斗的目标。

4. 没有黄金，但有荣誉

J. 鲍耶是匈牙利数学家，他虽然由于对高斯的误解，而放弃了对数学的进一步钻研。但他对非欧几何开创性的贡献，并没有被抹杀，数学史依然记载着他是非欧几何学的创始人之一。

匈牙利科学院为了纪念鲍耶父子在数学上建立的不朽功勋，决定设立一项数学奖，名曰“鲍耶奖”，奖金一万金克朗。自 1905 年起，每五年评选一次，不限国别，地域，授予在数学上取得卓越成就、或为数学发展作出巨大贡献的数学家。评选委员会成员由匈牙利科学院商定 。第一次评选委员共 4 名，德国著名数学家克莱茵是评委之一。

20 世纪初，庞加莱（H. Poincare，1854～1912）和希尔伯特是公认的在数学上成绩最突出的两位。因而获奖的呼声也最高。果然不出所料。全欧洲各国数学界推荐的也只有这两位。

法国的庞加莱，被誉为最后一位通才。他不仅是代数拓扑这样一门内容丰富的学科开山鼻祖，也是常微分方程定性理论、自守函数论的开创者；又是天体力学定性理论、天体力学分析理论的奠基人；还

做过相对论的前驱工作，是名副其实的一位通才。因此，尽管希尔伯特刚在世纪初的数学大会上，一鸣惊人。但全面权衡，希尔伯特还是略逊一筹。因此，投票的结果，庞加莱以全票获胜。

克莱茵与希尔伯特同是德国人，早就相识相交，而且是学术上的密友。下面一件事，可以说明他们友谊之深。

哥廷根大学是德国闻名的大学。特别是高斯、黎曼等在数学上的辉煌成就，使哥廷根大学成了数学的中心。因此，进哥廷根大学，也是希尔伯特的愿望。然而，哥廷根大学早就是人才荟萃、强手如云的地方。没有得力的引荐也难遂愿。

已在哥廷根大学多年的克莱茵，依他对希尔伯特的了解，早就觉得希尔伯特宜在哥廷根大学施展他的才华。哥廷根大学少了希尔伯特也是憾事，只是机会未到。因此，当 1894 年秋，哥廷根大学空出一个教授席位的时候，克莱茵使出浑身解数，大有不得到希尔伯特不肯罢休之势。经过克莱茵的多方力荐，终于如愿以偿。1895 年 8 月，希尔伯特应邀来到哥廷根大学。整整 100 年前，是高斯迈进这所学府大展才华的时候。100 年后，这里又是希尔伯特大显身手的地方。历史的巧合表明：优秀的学校是人才的摇篮，人才的辉煌又为学校争光生辉。

穿插这段交往的轶事，足以说明：克莱茵为人之正派，评奖之公正。克莱茵与希尔伯特，既是同胞，又是密友。但身为评委的他，既未投希尔伯特的票，更没私下拉票。本着不徇私，不徇情的态度，真正做到评奖公正。这样既令人心服，又提高了奖项的声誉。

希尔伯特落选，也让评委颇感遗憾。因为揭开20世纪数学发展帷幕的希尔伯特，也有许多突出的成就。只因名额有限，才名落孙山。评委最后一致议定，对等地评述希尔伯特与庞加莱的工作。这也是他们遗憾之情的反映。

作为挚友的克莱茵，更是怀着惋惜之情，他对希尔伯特说：**没有黄金，但有荣誉。**这也确为实话。对希尔伯特工作的高度评价，那国际大会上精彩演讲所起的深远影响，都是黄金难以买到的荣誉。

转眼到了1910年，第二届鲍耶奖的评选工作又开始了。这次评委会的秘书是庞加莱，他为希尔伯特起草了一份报告，全面叙述了希尔伯特在各个领域的成就，高度赞扬了这些工作的深远意义。评委会审查并通过了这份报告，并一致通过第二届鲍耶奖授予希尔伯特。

匈牙利本是东欧一个小国，它所设的奖，既纪念着本国卓越的数学家，又接连为世界上杰出的两位数学大师所获，鲍耶奖也因此被世人所重、所赞。

狂妄让上帝也发怒的数学家——闵科夫斯基

闵科夫斯基(Minkowski,1864～1909),在数论、代数学与数学物理等方面都有杰出的贡献,曾获法国科学院的数学大奖。

1. 才华初显，并列大奖

闵科夫斯基出生于俄国一个犹太血统的家庭，因沙皇时代对犹太人的歧视和迫害，故全家迁往东普鲁士首府哥尼斯堡。

闵科夫斯基少年早慧，在阿尔斯塔特预料学校读书时，只用了五年半，便读完八年的全部课程。接着考入大学。闵科夫斯基自幼就显露出特殊的数学天赋，有极强的记忆力和敏捷的理解力。相传在一次数学课上，老师因准备不足而挂黑板，这时，同学们异口同声叫着："闵科夫斯基，去帮帮忙。"

除了数学，少年的闵科夫斯基还喜爱文学，他熟读莎士比亚，席勒和歌德的作品，甚至迷恋于歌德的著作，许多都能背诵下来。

1881 年春，法国科学院以一道难题

> 一个整数分解为五个平方数之和，其表示法有多少种?

公开张榜，悬奖征解。

当年，闵科夫斯基还是一位 17 岁的年轻大学生，对这个问题产生了强烈的兴趣。于是，投身于应征的行列，潜心研究这一问题。

闵科夫斯基首先钻研高斯等前人的成果，因为高斯解决过把整数分解为三个平方数之和，闵科夫

斯基受高斯工作的启发，认识到五个平方和与四元二次型有关，进而深入地研究 n 元二次型，成功地得出了整系数 n 元二次型的理论体系。于是，征解的问题便从这普遍理论中，轻易得出。据此，闵科夫斯基向法国科学院递交了长达 140 页的论文，其解答内容之丰富，远远超过了原题的范围。

远在英国的数学家史密斯，早在 1867 年就发表了与此有关的论述。得知征解，便在已有的基础上，也写出应征的解答。

审查表明：闵科夫斯基是完全不知史密斯 1867 年的工作的情形下，独自得出比史密斯更好更普遍的结果。因此，1883 年，法国科学院同时授予两人数学大奖。

19 岁的青年获此荣誉，立即引起欧洲数学界的刮目相看。

2. 良友成伴，相互促进

哥尼斯堡大学因曾有许多著名的数学家任教而负美名。如著名的分析学家 K. 魏尔斯特拉斯，第一个证明 π 是超越数的 F. 林德曼，创建张量符号的 C. 克罗内克等，都是这所大学的数学教授。

闵科夫斯基与希尔伯特都在哥尼斯堡大学读书，虽不同年级（希尔伯特晚一年），但兴趣相投，结为挚友。不久,年轻德国数学家 A. 胡尔维茨也来到这所大学任教。他们三人结下了深厚的友谊。对数学共同的爱好,使他们有说不完的共同语言。于是三人相约:每天定时到一片苹果树下散步,讨论研究中的问题,切磋遇到的疑难,交流各自的心得。因为都是数林高手,大家都会从中受到有益的启示。

我们常有这样的体会,思考处于紧张的时候,如过关的考试,越怕考不好,往往连简单的问题都会答错。过后再看,又是那么地容易。这便是心理负担过重在作怪。而散步,自由自在、无拘无束,思想因而常处于轻松、发散的状态。许多在教室或办公室争论不休的问题,也会在这种时候发现问题的症结。因此,散步之中,进行学业上的交流,也是一种有益的形式。但难有棋逢对手,兴趣相投的学友。这种学术思想交往中,建立起的友谊之深厚,还可以从以下一事来说明。

1902 年,柏林大学向希尔伯特发出了到该校担任数学教授的邀请。这时,哥廷根大学再三挽留。希尔伯特也觉得哥廷根大学自有它的优越性。但提出一个先决条件——礼聘闵科夫斯基到哥廷根大学担任数学教授,以保持他们原先定时散步交流的良好习惯。

3. 上帝也为我的狂妄而发怒!

现在再介绍一个闵科夫斯基的有趣小故事。

故事要从四色问题谈起。1852 年，一位大学刚毕业的英国学生古德里(F. Guthrie)对英国地图着色的时候，偶然发现一个现象：无论地图多么复杂，只用四色便能把相邻的区域着不同的颜色。于是辗转请著名的数学家德·摩尔根、哈密顿等帮助解决。发现四元素的哈密顿，经过十余年苦思冥想，直到逝世，仍未有任何进展。

四色问题久悬未解，也引起闵科夫斯基的注意。有一次，他正在给苏黎士大学研究生讲课时，一时兴起，便大讲四色问题。他满不在乎地说："四色问题之所以到现在还未解决，那是因为当今世界第一流的数学家还没来得及来研究它。其实，要解决它也不会有多难。"说着，便拿起粉笔，即兴推演。因为他言外之意，当然把自己归入一流数学家。因此，满以为当场解决这一问题，不在话下。于是，他一口气写了满满几黑板。谁知，越写越复杂，再讲，头绪乱如麻。讲着，讲着，不由自主地"挂"起黑板。虽然如此，颇为自负的闵科夫斯基并不气馁。他太相信自己面对的问题只不过是小菜一碟。于是，下一堂课，再下一堂课……一连多次，都是接着讲，接着演，接着写，接着算。当然，也免不了尴尬地"挂"在黑板上。

闵科夫斯基就这样被四色问题搞得筋疲力尽，难以为继。要摆脱这狼狈的局面，只有面对现实，中途放弃。这天正当他走进教室，宣布收兵的时候，忽然黑云密布，雷电交加。他借机自我解嘲地说："唉，看来！上帝也在为我狂妄自大而发怒了！四色问题真难，我拿它毫无办法。”

屡解难题的闵科夫斯基，证明四色问题失败后，用现代的话讲：在学生面前这也算是不失体面的作了自我批评。以闵科夫斯基的贡献与威望，这场有趣的波折，更凸显“四色问题”的难度之大。因而，也使它与“费尔马大定理”、“哥德巴赫猜想”一样，让人望而生畏。

其实，闵科夫斯基也并非盲目自负。如前介绍，他 19 岁时，就荣获巴黎科学院的大奖。那公开向世界悬奖征解的题，也绝非易事；还有，使爱因斯坦成名的相对论，也是闵科夫斯基第一次用数学的方法揭示其物理的实质，为相对论的广泛传播作出了重要的贡献。表面上看，四色问题好像不如征解题难，只是在实际探索过程中，才逐渐认识到它的难度。因此，依闵科夫斯基一生的贡献，在四色问题上受挫，也不影响他是一流的数学家。事实上，四色问题至今也没有哪个数学家，给出一个让人能看、能读的证明。1976 年美国伊利诺斯大学的阿沛尔、哈肯两位教授，用了三台高速电子计算机，运行 1200 个机时，进行了两百亿次的逻辑判定，才宣告四色定理成立。你能看吗，能读吗？

闵科夫斯基过于自负，闹出这场笑话。但我们笑过之后，不要走向反面——缺乏自信，甚至自卑。

闵科夫斯基“四色问题”“出丑”之后，并没挫伤

他去攻克其他难题的信念。因此，在这之后，仍不断地取得新的成果。他的挚友著名的数学家希尔伯特，为他编辑的《闵科夫斯基全集》，内容十分丰富。他 44 岁时不幸英年早逝，若非对事业有坚定的信念，哪能有如此硕果累累！

在桥上发明四元数的数学家——哈密顿

哈密顿(William Rowan Hamilton, 1805～1865),爱尔兰人,生于都柏林,以发明四元数著称于世,在数学,物理学,天文学上,都有巨大的贡献,在英国是仅次于牛顿的名人。

1. 童年早慧，文理兼优

哈密顿虽以数学上的巨大贡献而扬名于世，但也精通多种语言，又喜爱文学，诗歌，这文理兼优得益于自幼受到的良好教育。

哈密顿有个叔叔，是位精通多种语言文字的专家。聪明的哈密顿自幼深得叔叔的喜爱，因此，从3岁起便跟叔叔开始识字，5岁就学会了拉丁文，希腊文，希伯来文。不久，就能阅读希腊文写的世界名著《荷马史诗》，8岁起又跟着叔叔学习法语，意大利语等多种欧洲语言，还能用拉丁文即兴赋诗。到10岁时进而学习东方语言，如阿拉伯语，波斯语……以及古印度的文字——梵文。据说14岁那年，有位波斯的大使到都柏林（哈密顿生长的地方）访问，全市找不到懂波斯语的人担任翻译。这时，人们想起了他叔叔，在他叔叔的鼓励和推荐下，小哈密顿用波斯文写了一篇欢迎辞，并在都柏林欢迎宴会上用波斯语与大使交谈。见这样小的少年才思敏捷，文采飞扬，令客人确实大吃一惊！也让国人为出这样一位风华少年而自豪。

单凭以上所述，人们就会以为哈密顿是位偏爱文学的才子，将来必定是个成就卓著的文学家、语言学家。其实不然，小哈密顿也喜欢数理，且有很好的天赋。3 岁就会算术，12 岁，只相当于小学毕业年龄的哈密顿，已读通几何学的经典著作——欧几里德的《原本》。接着，又开始自学代数，因叔叔早已教会他法语，便直接去读法国数学家克莱罗的名著《代数基础》，这样便奠定了向高等数学进军的基础。因此，少年时代的哈密顿文理兼优，是个全面发展的典范。

2. 初生牛犊不怕虎

决定哈密顿一生钻研方向的年龄是 16 岁。13 岁起，哈密顿便开始学习牛顿、拉普拉斯的著作。牛顿誉满全球，拉普拉斯也非等闲之辈，以他的名字命名的拉普拉斯方程，拉普拉斯算子，在高等数学，偏微分方程中广泛运用。因此，也是当时法国数学界的一代宗师。13 岁的少年，敢于向当代数学的两座高峰攀登，其志可嘉！短短三年的刻苦努力，竟收硕果，其才真奇！

五大卷的《天体力学》是拉普拉斯一生的杰作，也是牛顿，达朗贝尔，欧拉，拉格朗日诸位大数学家、天文工作者发展的高峰，阐述了天体运行的数学理论，讨论了三体问题，行星摄动等天文学中的重大问题，数学功底欠佳者，难以读懂。对这样一部巨著，年少的哈密顿，不仅深入地领悟了其中的要义，而且于16岁时，写出了一篇论文，指出并订正了《天体力学》证明中的一个错误。此文一出，立即引起了学术界的轰动。因为拉普拉斯是当代久负盛名的大科学家，而16岁的哈密顿不迷信权威，竟以初生牛犊不怕虎的精神，指出其中的错误。当然，哈密顿也备受鼓舞，并立志献身数学。

一位16岁的少年，订正当代名家的错误，也是学术界广为流传的佳话。

3. 年轻的教授

哈密顿16岁写的论文，也引起了爱尔兰皇家科学院院长、都柏林大学教授布林格利(R. J. Brinkley)的注意。因哈密顿在这之前并无中学文凭，习文有叔叔指导，学理全靠自己钻研。因此，爱才的布林格利，鼓励哈密顿自学他所缺的中学课程，然后报考都柏林大学。哈密顿不负所望，用了一年多的时间，在18岁时(1823年)，以第一名(应试者100多名)的成绩考入了都柏林大学，从此开始了钻研数学、物理的学术生涯。

哈密顿在大学四年的学习期间，勤奋好学，不仅成绩优秀，还写出论文《光线系统理论》。1827年，布林格利将这篇论文推荐给皇家科学院，并在推荐信上写道：

我不是说哈密顿将会成为数学家，而是说：他现在就是一流的青年数学家。

同年，布林格利辞去都柏林大学的天文学教授。当时，有许多资深的天文学家都在申请这一空缺，可是，都柏林大学负责人都一致推选年轻有为的哈密顿接替布林格利的教授职位。他同时还荣获“爱尔兰皇家天文学家”的称号。

一位才22岁的青年，又尚未大学毕业，竟获得这样高的职位和如此大的荣誉，在数学史上并不多见。

人贵有自知之明。哈密顿虽已成为天文学教授，但他自知天文学并非他所长。他既无观测天象的技能与经验，又未全面系统钻研天文学知识。使他在学术界扬名的还是数学，因为他纠正《天体力学》的错误，乃是数学推导中的问题，数学才是他的长处。此后，他便全力以赴，深钻数学。

4. 桥上诞生的四元数

哈密顿在数学、物理学中建树颇多，这里介绍一个他发现四元数的传说：

读过中学的都知道，数系的几次重大发展：

为了减法畅行无阻，引入了负数；

为了除法的普遍施行，又引入了分数。

习惯上，将引入分数与负数的数系称为有理数。

开方也是一种运算，绝大多数正有理数开不尽方，人们又把这些开不尽方的叫做无理数，如：$\sqrt{2}$，$\sqrt{3}$，…

有理数与无理数的区分，又可用小数来区分：

有理数可以表示为有穷位小数或无穷位但循环的小数，如：

$$3/4=0.75,\ 1/3=0.3333\cdots,\text{即}\ 1/3=0.\dot{3}。$$

无理数只能是无穷位的非循环小数，如：

$$\sqrt{2}=1.4142\cdots,\ \pi=3.14159\cdots$$

有理数和无理数合称为实数。

为了普遍地求解方程，在实数范围内也遇到困难。例如，方程 $x^2=-1$ 便在实数范围内找不到解。为了使这类方程也有解，便令

$$i=\sqrt{-1}$$

作为新的虚数单位。于是便出现了如今广泛应用的复数

$a+bi$，其中，a，b 皆为实数。

在复数范围内，已经证明

任一 n 次代数方程皆有 n 个复根。

因此，为解代数方程而扩大数系，至此已算圆满解决。

但对比数的形式，实数是一元数，复数是二元数，是否还有三元数，四元数……这也是数学进一步

发展应该弄清的问题。

哈密顿自 1828 年起，便考虑与探索这一问题。首先断定三元数不存在，因为三元数的一般形式是：

$a+bi+cj$，其中，j 是一种新数的单位。

容易断定：这类数的加、减法，有与实数相同的运算规律。但乘法便出问题了，因为 $i\times j$ 既不能是实数，也不能是 i 或 j 的倍数。否则，i，j 便不独立，j 也不再是新添的数。故只能进一步考虑四元数，其一般形式应为

$a+bi+cj+ck$，其中，j、k 是两种新数的单位。

同前一样，这种数的加减法没有问题。但难在乘法，而乘法能否畅行无阻，关键又在

如何规定 i、j、k 两两相乘的结果，使它们仍满足通常乘法的规律。

这个问题，哈密顿苦苦探寻了 15 个年头。直到 1843 年 10 月 16 日的晚饭后，同妻子一起，沿都柏林皇家运河散步。清凉的晚风徐徐吹来，驱散了一日的困倦与烦恼。诗意般的黄昏，让人惬意、自在。走着走着，长期思索的四元数，在潜意识中又冒了出来。而在这静谧、轻松的环境中，忽然想到突破难关的途径。久思不得其解的问题，便这样轻松地迎刃而解。据哈密顿后来追忆当时的情景：

我感到思想的电路接通了，而从中落下的火花就是 i、j、k 之间的基本方程，恰恰就是我以后使用它们的那个样子。我当场

抽出笔记本，将这些记录下来。

四元数中，i、j、k 的基本方程是

$$i^2=j^2=k^2=-1$$

$$i\cdot j=-j\cdot i=k$$

$$j\cdot k=-k\cdot j=i$$

$$k\cdot i=-i\cdot k=j$$

将 i、j、k 看成空间直角坐标系的三个单位矢量，则它们相乘的符号，正好与右手系、左手系的区别一致。

现在看来，建立这一组基本方程，应该说并非太难的事。为什么才华横溢的哈密顿，还探求了十五年之久？原因可能是，最初推广数系，都企望保持原系中所有的运算规律。乘法交换律也是原有的一条基本规律。正是囿于这种限制，四元数才久孕胎中。而突破这一限制，并非什么复杂的过程，往往只需一个好的念头——**抛弃这种限制**，特别是对此问题早已深思熟虑，娴熟于心的人，好的念头，便常会在一个偶然的机会，突然从脑海中浮现出来。创造发明中这种偶然，就是通常说的灵感。据哈密顿上述的追忆，突破四元数关键的灵感，确实发生在桥上。因此，布洛翰桥也名声远扬，成为怀古凭吊的圣地。都柏林也因哈密顿发现四元数的功绩而自豪，特在布洛翰桥头建立纪念碑。1943 年，四元数诞生一百周年，爱尔兰共和国还专门发行了纪念邮票，以纪念缅怀数学史上的这一巨大贡献。

哈密顿痴迷于数学研究，常废寝忘食而生活失常。加之,因感情不和与夫人长期分居,有时竟以酒充饥,产生慢性酒精中毒,于 1865 年刚满 60 岁时,便因痛风症而过早地离开了人世。他去世后,人们在他论文手稿中,发现了不少肉骨头和吃剩的三明治等食物残渣。倘若起居正常,饮食有节,以哈密顿的才智和勤奋,肯定还会作出更多的贡献。

天空立法者——开普勒

开普勒(Johannes Kepler,1571～1630),德国数学家,天文学家,以发现行星运动三大定律而名垂于世,因而享有"天空立法者"的美誉。

1. 不幸的童年，有幸的机遇

1571 年 12 月 27 日，在德国南部的一个魏尔小镇上，开普勒提前三个月降临人间。因是早产，先天不足，体弱多病。要命的是，5 岁时他又染上了天花，虽幸而治愈，但幼小的身体更加虚弱，还留下一脸麻子。祸不单行，后又患了一场猩红热，病愈之后，视力下降。由于家庭境况不佳，又未得到及时的滋补，自此以后，还经常因体弱而受到各种病痛的折磨。

这样看来，苍天似乎对开普勒不公。其实不然，孱弱多病的身体上，有着一个满是智慧的大脑，足以弥补体质上的各种缺陷。事实上，绝大多数成功者，靠的是智慧而非体力。当然，二者兼有最佳。对于他的智力，可以借下面的评语来加以说明。

1591 年 8 月 10 日，开普勒在神学院通过了硕士考试。因为家贫，开普勒考试后，继续申请奖学金。大学评议会对他的申请作了如下的评语：

> 由于上面提及的开普勒具有这样卓越而出类拔萃的头脑，我们可以对他寄于某种特殊的期望，我们希望继续给开普勒奖学金。

也正是这卓越的天资，再通过一生的勤奋努力，开普勒终成一代伟大的数学家、天文学家。

2. 一个重大的转折

在那个政教合一的时代，在神学院学习，然后谋一神职工作，是很受人尊敬的，因而也是许多家庭对孩子的希望。在这种时尚下，开普勒青年时代，也在神学院学习，并获得受人称赞的优异成绩。童年时代激起他对天文学喜爱的有两件事——6 岁那年，母亲带他到小坡上，把天空中那巨大的彗星指给他看；9 岁时的一个夜晚，父亲带他出去观察月食。两次奇妙的天象，深深地印在他的心上。因而对他一生的转折也起着重大的影响。

1594 年初，正当开普勒在图宾根神学院快毕业的时候，处于奥地利宗教中心地位的格拉茨神学院，有一位数学教师去世了。为了聘一位合格的继任者，格拉茨的领导不远万里到图宾根神学院求助。而图宾根神学院选择、推荐的，便是数学成绩优秀的开普勒。开普勒虽有些犹豫，但数学是研究天文学离不开的工具，而幼年渴望探寻天象奥秘的愿望，这时也被唤醒。因此，开普勒最终还是毅然踏上了格拉茨之旅，并在那里住了五年多，写下了影响深远的《宇宙的奥秘》一书。

如果没有格拉茨之旅，而是在神学院毕业后担任神职，那么，开普勒个人的前途，乃至天文学历史，都将是另一番景象。就是开普勒本人,也十分看重这一转折。到了晚年,回忆往事,还认为这个机遇是神的召唤。

3.学术上的知音

正当开普勒深思、探寻宇宙中的和谐,宗教中的改革与反改革的矛盾却日益激烈。开普勒也深受其害,譬如他小女儿不幸夭折时,因他回避天主教牧师而遭惩罚,甚而将他对天文学的研究责为对"教会的不忠"……

在这种殃及池鱼的环境下,开普勒已无法再静下心来,思考他对天文学上的种种问题。为避开这些无聊的是非,他提起笔来给第谷写了一封信。于是,便出现了他人生第二个、也是更大的转折。

第谷·布拉赫(Tycho Brahe,1546～1601),丹麦天文学家。不仅几十年如一日地观测天象,而且每晚必作记录。他设计、制造了当时堪称第一流的观察仪器。因此,他的观测技术高超,观测数据准确,在天文学界享有盛誉,有星学之王的美称。他一生创建了两个天文台:一是在丹麦国王的资助下,在赫威思岛上建立了"天塔"(1576～1597);二是1598年由德皇鲁道夫二世拨了一笔资金,于是在布拉格又新建了一座天文台。第谷为了感谢这一支持,临

终还嘱咐开普勒，把他毕生的观察记录整理出版后，定名为《鲁道夫天文表》，这也体现出第谷重情义而淡泊名利的品德。

开普勒十分清楚，有德皇作后盾，在第谷那里研究天文学的条件十分优越。第谷在布拉格筹建天文台时，也在物色助手，开普勒便是他考虑的最佳人选。因为在这之前，他已读过开普勒的《宇宙的奥秘》一书。他从中看出开普勒的才华，并赞赏书中的创见。因此，接到开普勒的来信，立即回函："……我不是因为您遭受厄运而请您来此，而是出于共同研究的愿望和要求，请您光临……"作为天文台的负责人，第谷表达的愿望十分坦诚，当第谷得知开普勒已到布拉格，他又迅速发了一封信："您来到这里，不是作为客人，而是作为一位非常受欢迎的朋友。作为我们的天文观测中，极其令人愉快的志同道合的伙伴。"

于是，两位天文学的巨匠，便联手营造天文学的宏伟宫殿。第谷几十年积累的准确资料，犹如优质的建筑材料；开普勒犹如一位杰出的建筑设计师，既有深厚的数学功底，又常常深思穷究着宇宙结构的奥秘。所以，两位天文学界的巨擘，一旦紧密合作，便会在天文学中，引发出自哥白尼以来最重大的发现。如今，天文学的体系，基本上是按开普勒行星运动的三大定律建立起来的。

4.8 弧分的奥秘

哥白尼的伟大贡献是：纠正了托勒密的地心说，代之以日心说，这不断被日后的观察所证实。但日心说、地心说有两个共同的缺陷：一是轨道为圆周，二是转动为匀速。然而与实际观测的结果，却有许多小的误差。于是，天文学家又引进若干新概念和一些补充假定：偏心圆，偏心率……以解释这些误差。

当 1600 年初，开普勒第一次拜访第谷时，第谷就把火星运动的问题交给了开普勒。因为火星轨道的问题最多，而且研究火星轨道是解决行星运动的关键。

开普勒用了 4 年多的时间，经过不下 30 多次的反复计算，他希望计算出来的火星轨道能与第谷观察的结果相符。然而出现了 8 弧分的误差。8 弧分，是一个很小的误差，在哥白尼使用的数据中，比这再大一点都可以忽略。然而，开普勒知道，第谷观测的误差决不会超过 2 弧分，何况是 2 弧分的 4 倍，而且在近 1000 次火星位置的观测数据中，都显示出这一系统的误差。

凭着对第谷的深切了解，开普勒认为这 8 弧分的误差决不能忽略。他在《新天文学》中写道：

> 既然仁慈的创造者，已经赐予我们第谷

> 这样一位不辞辛苦的观测者，而他观测所揭露的8弧分误差，我们理应怀着感激的心情，去认识和运用上帝的这份恩赐……仅仅这8弧分，就已经表明了天文学彻底改革的道路。这8弧分已经成为本书的基本材料。

把这8弧分的误差看成上帝的恩赐。只不过说明开普勒对它无比的重视。事实上，正是这8弧分触发了他的灵感，打开了他一生重要发现的大门。因为这观测资料的准确与否是针对长期沿用之圆形轨道而言的。既然坚信第谷观测的严谨与准确。那么，误差的根源就应出在轨道上。

想到圆形轨道有误，并非开普勒首创。因为在他之前就有人提出卵形轨道。但难以自圆其说，不能得到公认。现在要问：为什么正确的椭圆轨道来自开普勒？这就要归功于开普勒那深厚的数学功底。曾在神学院教过多年数学的开普勒，对圆、椭圆、抛物线等同属圆锥曲线的性质娴熟于心。正是圆与椭圆处于圆锥截线的统一体中，又能连续变化出离心率不同的椭圆。

如图1，截面倾斜角愈大，所截的椭圆愈“扁”（离心率较大），而卵形线则无此性质，从数学上的分类，卵形线是超越曲线。而圆锥曲线是代数曲线中的二次曲线。

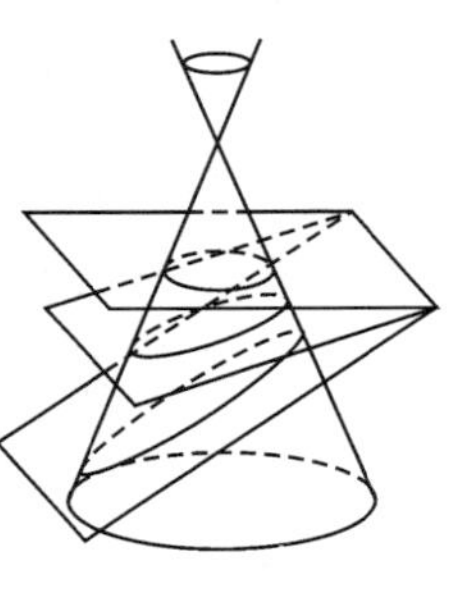

图1

正是椭圆形状有的接近于

圆，有的很“扁”（离心率大），才能讲清地球轨道与火星、木星等行星轨道形状不完全一样的原因。

由此可见：重视、深究8弧分误差的根源，是发现行星轨道的外因；深谙圆锥曲线变化规律的数学知识，则是发现行星轨道的内在基础。因此，著名的行星运动的第一定律

> 行星沿椭圆轨道运行，太阳位于这些椭圆的一个焦点。

由精通数学的天文学家开普勒首先发现，就显得合情合理。

5. 和谐的追寻与面积速度

和谐充满数学各个角落。小至一个普通的命题，大至整个数学体系。一个命题有两个要素：已知条件和结论，已知条件是结论成立的依据，结论则隐含于已知条件之中。命题为真，表明已知条件与结论和谐相处；在平面上过线外一点可引两条平行线，看似荒谬，可由它繁衍的丰富内容构成一门新的学科——非欧几何。就是因为这丰富的内容能和谐相处。在数学基础中，公理体系的无矛盾性也叫和谐性。因此，和谐（无矛盾）是数学的生命，无处不在。

以数学为自己两大爱好之一，也是两大专长之一的开普勒，深受数学处处和谐的熏陶，并把它作为

自己在天文学研究中的指导思想和追求的目标。他在给朋友的一封信中说

> 我的任务还没有完成，宇宙和谐的关系在我前面，召唤着我前进。

对此，他还专门写了一本巨著《宇宙的和谐》。可以说，和谐的概念伴随着他的一生。因为他深信宇宙是和谐的，天文学家的任务就是揭示这一和谐。椭圆轨道体现着太阳系的和谐。因为各行星的轨道形状不一，只不过是椭圆的离心率不同而已。

和谐也多种多样。范围不同、要求相异、层次有别……相应的和谐也有差异。椭圆轨道一出，体现出太阳系的和谐，但新的矛盾又出现了。因为椭圆有两个焦点，它们处于对称位置。而椭圆上的所有点都处于均等的位置——它们到两个焦点的距离之和等于常量，这是几何上的和谐。然而，在天体运行中，太阳只能处于两个焦点之一的位置上，由此便产生一个貌似不和谐的现象。

> 地球(行星)在椭圆轨道上，时远时近，时快时慢。

坚信“宇宙和谐的关系在我前面”的开普勒，自然认为这远近的变化，快慢的更迭，也有隐藏在它里面的规律，只是我们一时尚未发现。正是这种坚定的信念，促使开普勒再接再厉，开始新一轮的探索。

在新的探索中，开普勒深厚的数学基础又发挥出巨大的威力，因为他想起了古代数学之神阿基米

德的穷竭法，据他回忆

> 由于我认识到，在运动的轨道上，有无穷多个点，对应着无穷多个与太阳的距离，我就想到运动轨道的面积包含了这些距离的和。因为我回忆起阿基米德使用同样的方法，把圆周分解成无穷多个三角形。

在椭圆中，如果把由一焦点引出的二射线所夹的部分，也叫椭圆扇形的话，再把所夹之弧叫扇形的底，弧上各点到焦点距离的平均值叫高的话。那么，像圆扇形一样，其面积的大小既与其底成正比，也与其高成正比。

以上有关椭圆的知识，只有它与观测的结果结合起来，才能形成天体运行的规律。多年整理第谷观测资料的开普勒，早就发现这快慢、远近粗略的关系是近而快，远而慢。

因此，在相同时间内，焦点半径所扫过的椭圆扇形

> 近而快，相应的是高短底长；
>
> 远而慢，相应的是高长底短

如图 2 所示。

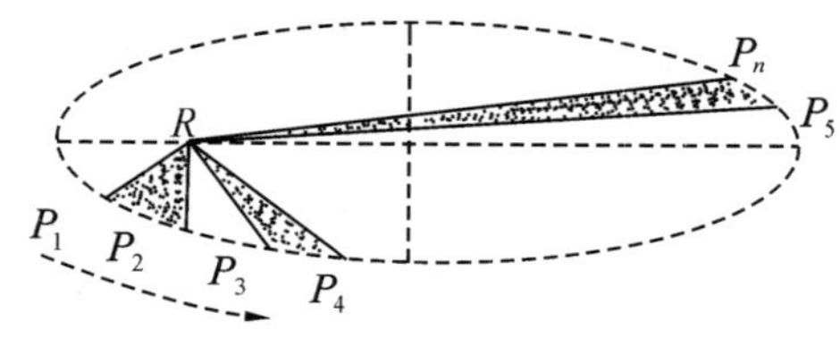

图 2

这样，便能粗略地看出：相同的时间内行星在椭圆轨道上所扫过的面积相同。然而，开普勒不愧是一位伟大的科学家、天空的立法者。他并不是以直觉的印象和粗略地估算，就贸然地向外界宣称，发现什么什么规律。而是静下心来，又用他已掌握的阿基米德穷竭法，严格地去推演椭圆扇形的面积，在严格的数学推演下，开普勒才郑重地提出了他那著名的行星第二定律

在相等的时间的间隔内，行星到太阳的连线，在任何位置沿轨道扫过的面积相等。

时快时慢的行星似乎无规律可循，现在却用面积将它们统一起来，多么简明，多么和谐。真是数学在和谐指引下的光辉运用。

再回顾、对比哥白尼提出的"日心说"，日心说的核心有两点：

一是　地球与行星皆以太阳为中心做圆周运动；

二是　地球与行星皆以太阳为中心做匀速圆周运动。

除了比地心说更符合实际，更科学以外，也是宇宙和谐之美的体现。哥白尼在发表日心说的《天体运行论》中就说："无论研究哪一种天文学问题，都使人得到一种美的享受。"一百来年以后的开普勒在接受日心说时曾说："我从灵魂深处证明它是真实的，我以难以相信的欢乐心情去欣赏它的美。"因此，日心说能冲破当时教会的巨大压力而迅速传播，真和美都

是重要的因素。

然而，科学的发展是逐步完善的，人的认识也是不断提高的。哥白尼时代的仪器的精度、观测的水平，还不足以发现圆形轨道匀速运动的不妥，直到差不多一百年之后，观测水平大大提高之后，第谷的精确资料也才只有 8 弧分的误差，又遇到了精通数学的开普勒，才触发了他的灵感，开创了天文学的新时代。

以椭圆替代圆，但匀速却变成时快时慢。细心的开普勒洞察了这匀与不匀的根源：哥白尼的匀速，严格地叫**匀角速**，是指相同时间，行星绕太阳旋转的角度相等。这是因为太阳处于圆心，行星又距太阳处处相等；现在的椭圆轨道，太阳处于两焦点之一，行星距太阳便时近时远，相应的时快时慢是指旋转角度（或经过的弧长）。开普勒的高明就在于多方比较又仔细演算，创造了一个新的概念——面积速度（单位时间扫过的面积），并发现行星在椭圆轨道上，相同的时间扫过的面积相等，这也是匀速、不妨称之为**匀面速**。于是，比起哥白尼圆轨道和匀角速。开普勒的椭圆轨道和匀面速的完美结合便焕发出新的更美的和谐之光。

不妨设想一下，只有椭圆轨道而无均匀的面积速度，虽也正确无误——消除了 8 弧分的误差，且处处符合观测的结果。但缺乏和谐之美，让人不易接受，难以传播。而均匀的面积速度与之结合，不仅理论完善，它所体现的美，也由特殊的和谐变成普遍的和谐、从低层次的和谐发展成高层次的和谐。

对宇宙的和谐情有独钟的开普勒曾说

> 对外部世界进行研究的主要目的在于发现上帝赋予它的合理
>
> 秩序与和谐，这些是上帝以数学语言透露给我们的。

毕生追寻和谐又精通数学语言，是开普勒成就伟业的两大法宝。

6. 行星与几何

开普勒发现的行星运动第一、第二定律早在 1609 年就发表在他所著的《新天文学》一书中。第三定律却迟至 1619 年才见于他的另一部专著《宇宙的奥秘》。

为什么作为行星运动规律整体的三大定律，后一定律的发现较前二定律整整晚了十年之久？原因是开普勒在探索宇宙奥秘时，由于对比不当，走了很长一段弯路。

在开普勒那个时代，发现的行星只有 5 个。为什么只有 5 个行星？这在当时也是探索宇宙奥秘的一大问题。因为地球也是行星，连同地球便是 6 个。于是有人便在这“6”字上做文章，例如当时有人讲：

“6”是头一个“完美的数字”。如果把 1 也看成因数，那么有 6＝1×2×3，且又有 6＝1＋2＋3。故称“完美”。开普勒当然不同意这种无稽之谈。

发现椭圆轨道和面积速度，有赖于开普勒那熟练、丰富的几何知识，使他更加坚信：神秘的宇宙，像严谨的欧几里德几何那样，布局井然有序、相互和谐而完美。因此，一切奥秘都有几何上的缘由。他把浩瀚天空中星罗棋布的繁星，看成欧氏空间中各式各样不规则的立体，有名有号的星座当成各种起了名的多面体。在多面体中，引人关注的正多面体也恰恰只有五种，又被柏拉图（Plato）称为“最高雅的图形”。因此，开普勒猜想，只有 5 个行星与只有 5 种正多面体，二者之间定有某种隐蔽的联系，只是尚未被我们发现而已！为此，开普勒又走上了艰苦探索的征途。

丰富的数学知识，熟练的演算技能。在开普勒的探索过程中，又发挥出巨大的作用。为了使 5 个正多面体与 6 个行星（包括地球）联系起来，开普勒产生了一个巧妙的构思。简要地说有以下两点：

①以行星与太阳的平均距离为半径作 6 个球面，分别代表各个行星；

②6 个球面有 5 个间隔，正好可用 5 个正多面体去隔离，但要求正多面体内接于外面的球，外切于里面的球。

开普勒从较熟悉的正方体（正六面体，如图 3）着手，

正方体的内切球的直径恰是它的棱长，而外接球的直径（2R）则是它的对角线，故知

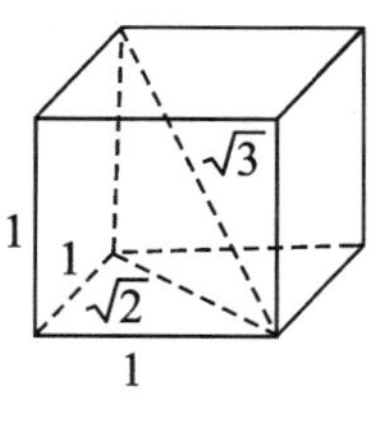

图 3

$$\frac{r}{R}=\frac{1}{\sqrt{3}}=\frac{\sqrt{3}}{3}\approx\frac{1.732}{3}\approx0.577$$

再看木星、土星与太阳平均距离之比，比较接近上面这个比，因此，开普勒便用正六面体来作土星与木星的隔层。

接着，最简单的多面体是正四面体，如图 4，正四面体的外心、内心等与重心重合。它的内切球半径 r 与外接球半径 R 之比为

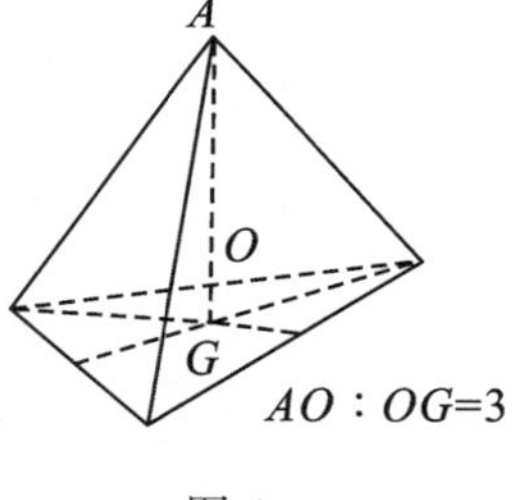

图 4

$$\frac{r}{R}=\frac{1}{3}=0.333\cdots$$

这正是火星、木星与太阳平均距离之比，因此，开普勒便用正四面体来作木星、火星的隔层。

开普勒继续计算其他 3 个正多面体的内切球，外接球半径之比，分别作为余下的几个球面间隔的隔层。

6 个行星与 5 个正多面体竟有如此美妙的关系，使开普勒兴奋异常，他后来追述：“我无法用语言来表达对这个发现的喜悦心情。”

从几何上看，倒是一幅美妙的图形，5 个正多面体与 6 个球面，外接内切，环环相扣，和谐相处，美不胜收。然而却与宇宙的实际并不相符。开普勒也清

楚这一点，因为有些数据不符。他还列表比较，经G. 波利亚（G. Polga，1887～1985）用稍微现代化一点的形式列为下表

开普勒的理论与观测的比较

（1） 行星	（2） 哥白尼的观测	（3） 开普勒理论	（4） 正立体
土星			
	0.635	0.577	立方体
木星			
	0.333	0.333	四面体
火星			
	0.757	0.795	十二面体
地球			
	0.794	0.795	二十面体
金星			
	0.723	0.577	八面体
水星			

其中，第（1）列行星个数是6，（2）、（3）两列的数据只有5个，它们依次是相邻二行星与太阳的平均距离之比。

如果开普勒猜想的联系为真，那么（2）、（3）两列的数字应该相等，可是只有两项差别甚微，其他3项相差较大。开普勒也曾想法修正，但未能成功。因为对比的前提错了——行星不是只有6个。开普勒之后，陆续又发现了3个行星，后第九颗行星冥王星被降格为矮行星，故行星总数是8个。

既然行星不止6个，那么用只有5个的正多面体去对比，找联系，并用来说明行星只有6个的道理，就注定是徒劳无功的。即使上表中（2）、（3）两列数字完全相同，那也只是巧合，不是行星只有6个的

理由，因为事实已推翻了行星“只有 6 个”的结论。

对开普勒走错的这一步，著名的数学家、数学教育家波利亚在他的名著《数学与发现》第一卷中说：“用现代的眼光看，开普勒的猜想可以说是荒谬的……我们发现最离奇的是，开普勒相信行星数目的背后深深隐藏着什么东西。而且总想问这样一个问题：为什么行星刚好只有 6 个？”他接着又说：“开普勒猜想是有高度教益的，这个例子说明：一个猜想的提出与整个历史背景有关，也就是说受整个时代的科学环境局限的。”其实，在那个只知行星仅有 6 个的时代，人们还是很赞赏巧妙的构思，佩服他对数学的精通。

7. 演算归纳，终获第三定律

开普勒不愧是一位伟大的科学家，在探索宇宙奥秘的道路上，马不停蹄，紧接着又把精力集中在一个更有价值的新问题上，即要探究。

行星运行的周期与它轨道的大小有何关联？

这次，不仅探索的问题意义重大，而且采用的方法也很相宜而通用，即**归纳发现法**。

开普勒首先把地球当作比较的标尺，即

以地球的轨道作为衡量其他轨道大小

的单位(1)；

以地球的年作为衡量其他周期长短的

单位(1)。

大家不要小看这一起点，它使以后的计算量大为减小。因为即使以万公里作单位，轨道的大小都是很大的数字，运算起来就较繁琐。而以地球为单位，比地球轨道小的为一纯小数，取三位就相当准确。

接着，开普勒将行星的轨道大小、周期长短列成两排。并仔细察看它们逐渐增大的趋势有何规律！显然，最简单的是先看它们有无正比的关系。对此，只需计算一下对应的比值，便可否定；否定之后，再看计算的比值还有增大的趋势。于是，开普勒又进而计算周期的平方，并与轨道的大小作比较，仍无明显的规律；继而再看它们的立方……上天不负有心人，艰苦的探索、大量的计算，终于发现二者的紧密联系。现以 R 表示行星与太阳的平均距离，即轨道的大小，用 T 表示行星的周期，则开普勒发现二者的关系如下表

星名	R	T	R^3	T^2
水星	0.387	0.24	0.058	0.058
金星	0.723	0.615	0.378	0.378
地球	1.000	1.000	1.000	1.000
火星	1.524	1.88	3.54	3.533
木星	5.20	11.86	140.61	140.66
土星	9.539	29.46	867.98	867.69

由此得出一个十分简单的等式

$$T^2 = R^3$$

这便是开普勒发现的行星运动第三定律

行星公转周期的平方正比于其轨道长半轴的立方。

注：行星与太阳最近、最远距离的平均值，也简称该行星与太阳距离的平均值，这个平均值也恰是行星椭圆轨道的半长轴。

现在看来，这一关系十分简单，可它确实来之不易呀！这是因为：

一是计算繁难。在开普勒时代，既没有现代先进的计算机，连已被淘汰的计算器也没有，全靠笔算。那 10 个 4 位数的平方、立方、即使一帆风顺，计算量之大也是很可观的。何况，在未达目标之前，还不知有过多少无效的计算。譬如说，在探索中，周期 T 与轨道大小 R，是不是有二次函数的关系：$T = aR^2 + bR + c$，也只有经过大量演算才能否定……正是计算繁难，它的诞生才比第一、二定律晚了十年。

二是坚持不懈。不然的话，就可能因繁生厌、畏难而退。许多人错过成功的机会，就是因为在繁难面前，半途而废。

三是坚定的信念。因为坚持的精神来源于信念。开普勒曾就读于神学院。因此他也笃信“上帝创造万物”。撇开上帝是否存在的争论，把他看做生成万物的符号，开普勒笃信：“上帝创造的宇宙是有序的、和谐的。”而数也是和谐的，因此，“上帝便以数学语言透露给我们”。于是我们的任务便是发现用数学的语言去表示出这宇宙的和谐。正是这种信念，使他在较为顺利发现第一、第二定律之后，还不辞辛劳，坚持 10 年之久，终于谱出了第三定律的和谐之曲。

开普勒之后，随着科学的发展和观测水平的提高，又陆续发现了天王星、海王星和冥王星三大行星，并对这三个行星的轨道和周期作了测定。用它们去检验开普勒的第三定律。也将检验的结果列表于下

星名	R	T	R^3	T^2
天王星	19.2	84	7077.89	7056
海王星	30.0	165	27270.90	27225
冥王星	39.5	248	61629.88	61504

结果与开普勒的第三定律基本相符。之所以不完全相符，原因有二：一是观测的数据可能有误差；二是这三个行星距太阳都比较遥远，也有可能受其他星球“摄动”的作用，而影响轨道的大小和周期。因此，天文学界都认为。三个行星的发现，仍然遵循开普勒的三大定律。

8. 倾听天上的音乐

开普勒除了擅长数学，天文学之外，也精通音律，他一生备受艰辛和苦难，优美的旋律，和谐的乐声，常使他忘却人间的悲苦。在天文学创建的种种伟业，在开普勒看来，又像听到天上传来的美妙乐曲，让他感到心旷神怡，精神愉悦。因为开普勒在发现行星运动三大定律之后，用欢快的心情写道

> 因此，天体运动不是别的，不过是几种声音汇成一种连续的音乐，这种音乐只为心智所领悟，而不为人耳所闻。

回顾发现第一定律的过程，起着重要作用的那“8 弧分”，在开普勒富于心智的耳中就像不合曲调的杂音，消去它才能奏出动听的旋律，在椭圆轨道中，那时近时远，时快时慢的现象，又如曲调中忽高忽低、忽快忽慢的节奏，只有重新谱曲，才能成为美妙乐章，这乐章便是那面积速度谱写而成；再看那行星的轨道大小和周期长短这些杂乱的数据，在开普勒眼中，则是组成乐曲的音符，经善听天上音乐的开普勒反复谱写、低声吟唱、终于谱出一首和谐的曲调，犹如天上传下来的美妙乐曲。这便是简明、准确的周期规律。

发现行星运动三大定律的开普勒被人们尊称为

“天空立法者”，正是这三大定律开辟了天文学的新纪元。从此，天文学的研究便在这三大定律指引下顺利发展、铸就这旷世伟业的开普勒回顾他一生探索宇宙奥秘的历程，留给我们了一句寓意深刻的名言；

上帝让我们倾听天上的音乐。

开普勒一生遇到不少挫折、逆境多于顺境。可对探索宇宙奥秘坚持不懈、终其一生。特别是发现第三定律竟历时十年之久。在我们凡人看来，尽是和那些枯燥的数字打交道，演来算去，岂不生烦！可是开普勒却乐此不疲、始终如一。原因就是他的演算犹如倾听天上的音乐，和谐美妙的音乐，让人轻松、愉悦，何烦之有！音乐能陶冶人的性情，不为外界所诱而静坐书斋。正是倾听天上的音乐，使开普勒在第一、第二定律发现之后，又奏响了“十年磨一剑，泰山不可挡”的英雄乐章。

陈景润钻研那深奥的“1＋1”如痴如醉，何尝不是用心智的耳朵在倾听那由“1＋1”传出来的音乐。不然的话，演算了几麻袋的草稿纸，怎会不厌其烦，不觉其累；费尔马猜想吸引那么多人，演绎出许多有趣的故事，还不是因为用心智的耳朵能听出它诱人的乐声。

学习知识，钻研学问，要用心智去听知识、学问中所传出来的乐声，那么就会学得轻松、研得愉快。这就是开普勒给我们的教益。

读书笔记一

读书笔记二

读书笔记三

读书笔记四

读书笔记五